Atemtechnik und -Wissenschaft
der Hindi-Yogi

AF194121

YOGI RAMACHARAKA ist das Pseudonym von William Walker Atkinson, einem amerikanischen Autoren im Bereich der Neugeist-Bewegung, dessen Werke zu den „Klassikern" des Okkultismus und des Yoga gehören und die seit ihrer Entstehung ununterbrochen verlegt werden.

Über das Buch:

Viele Autoren haben sich mit den Yogi-Lehren befasst, aber es gibt nur wenige wie der Autor dieses Buchs, die dem westlichen Menschen in knapper Form und einfacher Sprache die zugrundeliegenden Prinzipien der Yogi-Wissenschaft des Atems zusammen mit vielen der beliebtesten Atemübungen und -methoden der Yogis vermitteln. Der Autor hat sowohl die westliche als auch die fernöstliche Idee wiedergegeben und gezeigt, wie das eine in das andere übergeht.

In dieser Neuübersetzung werden fast ausschließlich die üblichen deutschen Begriffe verwendet. Die für den durchschnittlichen westlichen Leser so verwirrenden Sanskrit-Begriffe werden vermieden, sodass sich das Buch für eine breite Leserschaft eignet.

ATEMTECHNIK UND -WISSENSCHAFT DER HINDI-YOGI

Handbuch der
FERNÖSTLICHEN ATMUNGSPHILOSOPHIE
einschließlich der
spirituellen Entwicklung.

Von
YOGI RAMACHARAKA

Neu übersetzt

Die Blaue Edition Bd. 9

Bibliografische Information der Deutschen Nationalbibliothek:
Die Deutsche Nationalbibliothek verzeichnet diese Publikation in der
Deutschen Nationalbibliografie; detaillierte bibliografische Daten
sind im Internet über dnb.dnb.de abrufbar

Neuübersetzung

© 2021, Yogi Ramacharaka

Herstellung und Verlag: BoD – Books on Demand, Norderstedt

ISBN: 978-3-7557-4062-9

Inhaltsverzeichnis

KAPITEL I.

SALAAM.

Der westliche Student neigt dazu, in seinen Vorstellungen über die Yogis und ihre Philosophie und Praxis
etwas verwirrt zu sein. Indienreisende haben große
Geschichten über die Horden von Fakiren, Bettlern und
Reitern geschrieben, die die großen Straßen Indiens
und die Straßen seiner Städte bevölkern und die frech
den Titel "Yogi" beanspruchen. Man kann es dem westlichen Studenten kaum verübeln, wenn er sich den
typischen Yogi als einen abgemagerten, fanatischen,
schmutzigen, unwissenden Hindu vorstellt, der entweder in einer starren Haltung sitzt, bis sein Körper ver-
knöchert ist, oder seinen Arm in die Luft hält, bis er
steif und verdorrt ist und für immer in dieser Position
verharrt, oder vielleicht seine Faust ballt und sie festhält, bis seine Fingernägel durch die Handflächen
wachsen. Dass es diese Menschen gibt, ist wahr, aber
ihr Anspruch auf den Titel "Yogi" erscheint dem wahren
Yogi so absurd, wie dem bedeutenden Chirurgen der
Anspruch auf den Titel "Doktor" seitens des Mannes,
der einem die Hühneraugen schält, oder dem Präsiden-
ten von Harvard oder Yale der Titel "Professor", den der
Straßenverkäufer von Wurm-Medizin annimmt,
erscheint.

In Indien und anderen orientalischen Ländern gab es
seit Jahrhunderten Männer, die ihre Zeit und Aufmerksamkeit der körperlichen, geistigen und spirituellen
Entwicklung des Menschen widmeten. Die Erfahrungen
von Generationen ernsthaft Suchender wurden jahr-
hundertelang von Lehrer zu Schüler weitergegeben, und
allmählich wurde eine eindeutige Yogi-Wissenschaft
aufgebaut. Auf diese Untersuchungen und Lehren
wurde schließlich der Begriff "Yogi" angewandt, der sich

aus dem sanskritischen Wort "Yug" ableitet, das "sich
verbinden" bedeutet. Aus der gleichen Quelle stammt
das englische Wort "yoke", das eine ähnliche Bedeutung
hat. Seine Verwendung im Zusammenhang mit diesen
Lehren ist schwer nachzuvollziehen, da verschiedene
Autoritäten unterschiedliche Erklärungen geben, aber
die wahrscheinlich raffinierteste ist die, die davon aus-
geht, dass es als hinduistisches Äquivalent für die Idee
gedacht ist, die durch die englische Redewendung "get-
ting into harness" oder "yoking up" vermittelt wird, da
der Yogi bei seiner Arbeit, Körper und Geist durch den
Willen zu kontrollieren, zweifellos "in das Geschirr
kommt".

Yoga ist in verschiedene Zweige unterteilt, die von
demjenigen, der die Kontrolle des Körpers lehrt, bis zu
demjenigen reichen, der die Erlangung der höchsten
spirituellen Entwicklung lehrt. In diesem Werk werden
wir nicht auf die höheren Phasen des Themas eingehen,
es sei denn, die "Wissenschaft des Atems" berührt dasselbe. Die "Wissenschaft des Atems" berührt den Yoga
an vielen Stellen, und obwohl sie sich hauptsächlich
mit der Entwicklung und Kontrolle des Physischen
befasst, hat sie auch ihre psychische Seite und betritt
sogar das Feld der spirituellen Entwicklung.

In Indien gibt es große Yogaschulen, die Tausende
der führenden Köpfe dieses großen Landes umfassen.
Die Yogaphilosophie ist für viele Menschen die Regel
des Lebens. Die reinen Yogi-Lehren werden jedoch nur
wenigen zugänglich gemacht, während die Masse sich
mit den Brosamen begnügt, die von den Tischen der
gebildeten Klassen fallen, wobei die orientalische Sitte
in dieser Hinsicht der westlichen entgegengesetzt ist.
Aber die westlichen Ideen beginnen auch im Orient zu
wirken, und die Lehren, die früher nur einigen wenigen
zuteil wurden, werden heute allen, die bereit sind, sie
zu empfangen, frei angeboten. Der Osten und der Westen wachsen enger zusammen, und beide profitieren

von dem engen Kontakt und beeinflussen sich gegenseitig.

Die Hindu Yogis haben der Wissenschaft des Atems immer große Aufmerksamkeit geschenkt, aus Gründen, die dem Studenten, der dieses Buch liest, klar sein werden. Viele westliche Autoren haben sich mit dieser Phase der Yogi-Lehren befasst, aber wir glauben, dass es dem Autor dieses Werkes vorbehalten war, dem westlichen Schüler in knapper Form und einfacher Sprache die zugrundeliegenden Prinzipien der Yogi-Wissenschaft des Atems zusammen mit vielen der beliebtesten Atemübungen und -methoden der Yogis zu vermitteln. Wir haben sowohl die westliche als auch die orientalische Idee wiedergegeben und gezeigt, wie das eine in das andere übergeht. Wir haben fast ausschließlich die üblichen englischen Begriffe verwendet und die für den durchschnittlichen westlichen Leser so verwirrenden Sanskrit-Begriffe vermieden.

Der erste Teil des Buches ist der physischen Phase der Wissenschaft des Atems gewidmet; dann werden die psychischen und mentalen Seiten betrachtet, und schließlich wird die spirituelle Seite berührt.

Man möge uns verzeihen, wenn wir uns darüber freuen, dass es uns gelungen ist, so viel Yogi-Lehre auf so wenigen Seiten zusammenzufassen und dabei Worte und Begriffe zu verwenden, die von jedem verstanden werden können. Unsere einzige Befürchtung ist, dass die Einfachheit dieses Buches einige dazu veranlassen könnte, es als unwürdig zu betrachten, während sie auf der Suche nach etwas "Tiefem", Mysteriösem und Unverstehbarem sind. Der westliche Verstand ist jedoch äußerst praktisch veranlagt, und wir wissen, dass es nur eine Frage der Zeit ist, bis er die praktische Anwendbarkeit dieses Werkes erkennen wird.

Wir grüßen unsere Schüler mit unserem tiefsten Salaam und bitten sie, sich für ihre ersten Lektionen in der Yogi-Wissenschaft des Atems zu setzen.

KAPITEL II.

"ATEM IST LEBEN".

Das Leben ist absolut abhängig vom Akt des Atmens. "Atem ist

Leben."

So sehr sie sich auch in Details der Theorie und Terminologie unterscheiden mögen, die

Orientale und Okzidentale stimmen in diesen grundlegenden Prinzipien überein.

Atmen heißt leben, und ohne Atem gibt es kein Leben. Nicht nur die höheren Tiere sind auf den Atem angewiesen, um zu leben und gesund zu bleiben, sondern auch die niederen Formen des tierischen Lebens müssen atmen, um zu leben, und das pflanzliche Leben ist ebenfalls von der Luft abhängig, um weiter zu existieren.

Der Säugling zieht einen langen, tiefen Atemzug ein, hält ihn einen Moment lang an, um ihm seine lebensspendenden Eigenschaften zu entziehen, und atmet ihn dann mit einem langen Schrei aus, und siehe da, sein Leben auf der Erde hat begonnen. Der alte Mann gibt einen schwachen Atemzug von sich, hört auf zu atmen, und das Leben ist vorbei. Vom ersten schwachen Atemzug des Säuglings bis zum letzten Atemzug des Sterbenden ist es eine einzige lange Geschichte des fortgesetzten Atmens. Das Leben ist nur eine Reihe von Atemzügen.

Die Atmung kann als die wichtigste aller Körperfunktionen angesehen werden, denn alle anderen Funktionen hängen von ihr ab. Der Mensch kann einige Zeit ohne Essen existieren; eine kürzere Zeit ohne Trinken; aber ohne Atmung kann seine Existenz nur wenige Minuten betragen.

Und der Mensch ist nicht nur lebensnotwendig auf den Atem angewiesen, sondern er ist auch weitgehend abhängig von den richtigen Atemgewohnheiten, um vital zu bleiben und nicht zu erkranken. Eine intelligente Kontrolle unserer Atemkraft wird unsere Tage auf der Erde verlängern, indem sie uns eine erhöhte Vitalität und Widerstandskraft verleiht, und andererseits wird eine unintelligente und unvorsichtige Atmung dazu neigen, unsere Tage zu verkürzen, indem sie unsere Vitalität vermindert und uns anfällig für Krankheiten macht.

Der Mensch in seinem normalen Zustand brauchte keine Unterweisung in der Atmung. Wie das niedere Tier und das Kind atmete er natürlich und richtig, so wie es die Natur für ihn vorgesehen hatte, aber die Zivilisation hat ihn in dieser und anderen Hinsichten verändert. Er hat sich unsachgemäße Methoden und Haltungen beim Gehen, Stehen und Sitzen angeeignet, die ihn seines Geburtsrechts auf natürliche und richtige Atmung beraubt haben. Er hat einen hohen Preis für die Zivilisation gezahlt. Der Wilde von heute atmet natürlich, sofern er nicht durch die Gewohnheiten des zivilisierten Menschen kontaminiert wurde.

Der Prozentsatz der zivilisierten Menschen, die richtig atmen, ist recht gering, und das Ergebnis zeigt sich in zusammengezogenen Brustkörben und gebeugten Schultern und der schrecklichen Zunahme von Krankheiten der Atmungsorgane, einschließlich des gefürchteten Ungeheuers, des Schwindsucht, "der weißen Geißel". Bedeutende Autoritäten haben erklärt, dass eine Generation von korrekt atmenden Menschen die Rasse regenerieren würde und Krankheiten so selten wären, dass man sie als Kuriosität betrachten würde. Ob vom orientalischen oder vom abendländischen Standpunkt aus betrachtet, der Zusammenhang zwischen richtiger Atmung und Gesundheit ist leicht zu erkennen und zu erklären.

Die abendländischen Lehren zeigen, dass die körperliche Gesundheit ganz wesentlich von der richtigen
Atmung abhängt. Die orientalischen Lehrer geben nicht
nur zu, dass ihre abendländischen Brüder Recht
haben, sondern sagen auch, dass zusätzlich zu dem
körperlichen Nutzen, der sich aus der richtigen Atmung
ergibt, die geistige Kraft, das Glück, die Selbstbeherrschung, die Klarsicht, die Moral und sogar das

spirituelle Wachstum des Menschen durch ein Ver-
ständnis der "Wissenschaft des Atems" gesteigert werden können. Ganze Schulen der orientalischen Philosophie haben sich auf diese Wissenschaft gestützt, und
dieses Wissen wird, wenn es von den westlichen Rassen
begriffen und von ihnen zur praktischen Anwendung
gebracht wird, was ihre Stärke ist, unter ihnen Wunder
bewirken. Die Theorie des Ostens, verbunden mit der
Praxis des Westens, wird würdige Nachkommen hervorbringen.

Dieses Werk wird die "Wissenschaft des Atems" der
Yogis aufgreifen, die nicht nur alles umfasst, was dem
westlichen Physiologen und Hygieniker bekannt ist,
sondern auch die okkulte Seite des Themas. Sie zeigt
nicht nur den Weg zur körperlichen Gesundheit auf,
der sich an dem orientiert, was westliche Wissenschaftler als "tiefes Atmen" usw. bezeichnet haben, sondern
geht auch auf die weniger bekannten Phasen des Themas ein und zeigt, wie der Hindu-Yogi seinen Körper
kontrolliert, seine geistige Kapazität erhöht und die spirituelle Seite seiner Natur durch die "Wissenschaft des
Atems" entwickelt.

Der Yogi praktiziert Übungen, durch die er die Kontrolle über seinen Körper erlangt und in der Lage ist,
jedem Organ oder Teil einen verstärkten Fluss von
Lebenskraft oder "Prana" zukommen zu lassen und
dadurch den Teil oder das Organ zu stärken und zu
beleben. Er weiß alles, was sein westlicher wissen-
schaftlicher Bruder über die physiologische Wirkung

der richtigen Atmung weiß, aber er weiß auch, dass die Luft mehr enthält als Sauerstoff, Wasserstoff und Stickstoff, und dass etwas mehr erreicht wird als die bloße Sauerstoffanreicherung des Blutes. Er weiß etwas über "Prana", von dem sein westlicher Bruder nichts weiß, und er ist sich der Natur und der Art und Weise, wie man mit diesem großen Energieprinzip umgeht, voll bewusst und ist über seine Wirkung auf den menschlichen Körper und Geist voll informiert. Er weiß, dass man sich durch rhythmisches Atmen in harmonische Schwingung mit der Natur bringen und die Entfaltung seiner verborgenen Kräfte fördern kann. Er weiß, dass er durch kontrolliertes Atmen nicht nur Krankheiten bei sich selbst und anderen heilen kann, sondern auch Angst, Sorgen und niedere Gefühle praktisch beseitigen kann.

Diese Dinge zu lehren, ist das Ziel dieses Werkes. Wir werden in einigen Kapiteln knappe Erklärungen und Anleitungen geben, die zu Bänden erweitert werden könnten. Wir hoffen, den Geist der westlichen Welt für den Wert der "Wissenschaft des Atems" der Yogis zu erwecken.

KAPITEL III.

DIE EXOTERISCHE THEORIE DES ATEMS.

In diesem Kapitel werden wir Ihnen kurz die Theorien der westlichen wissenschaftlichen Welt über die Funktionen der Atmungsorgane und die Rolle des Atems in der menschlichen Wirtschaft darlegen. In den folgenden Kapiteln werden wir die zusätzlichen Theorien und festgestellten Fakten der orientalischen Denk- und Forschungsschule darlegen. Der Orientale übernimmt die Theorien und Tatsachen seiner westlichen Brüder (die ihm seit Jahrhunderten bekannt sind) und fügt ihnen vieles hinzu, was diese jetzt noch nicht akzeptieren, was sie aber zu gegebener Zeit "entdecken" werden und was sie, nachdem sie es umbenannt haben, der Welt als eine große Wahrheit präsentieren werden.

Bevor wir die westliche Idee aufgreifen, ist es vielleicht besser, eine kurze allgemeine Vorstellung von den Atmungsorganen zu geben.

Die Atmungsorgane bestehen aus der Lunge und den zu ihr führenden Luftwegen. Die Lungen sind zwei an der Zahl und nehmen die Pleurakammer des Brustkorbs ein, eine auf jeder Seite der Mittellinie, und sind voneinander durch das Herz, die größeren Blutgefäße und die größeren Luftschläuche getrennt. Jede Lunge ist in alle Richtungen frei, außer an der Wurzel, die hauptsächlich aus den Bronchien, Arterien und Venen besteht, die die Lungen mit der Luftröhre und dem Herzen verbinden. Die Lungen sind schwammig und porös, und ihr Gewebe ist sehr elastisch. Sie sind mit einem zarten, aber festen Sack bedeckt, dem so genannten Pleurasack, dessen eine Wand fest mit der Lunge und die andere mit der Innenwand des Brustkorbs verbunden ist und der eine Flüssigkeit absondert, die es den

Innenflächen der Wände ermöglicht, beim Atmen leicht übereinander zu gleiten.

Die Atemwege bestehen aus dem Inneren der Nase, des Rachens, des Kehlkopfes, der Luftröhre und der Bronchien. Wenn wir atmen, saugen wir die Luft durch die Nase ein, in der sie durch den Kontakt mit der reichlich durchbluteten Schleimhaut erwärmt wird, und nachdem sie den Rachen und den Kehlkopf passiert hat, gelangt sie in die Luftröhre, die sich in zahlreiche Röhren, die Bronchien, unterteilt, die sich wiederum in winzige Unterteilungen in all die kleinen Lufträume in der Lunge unterteilen und dort enden, von denen die Lunge Millionen enthält. Ein Autor hat festgestellt, dass die Luftzellen der Lunge, wenn sie auf einer ununterbrochenen Fläche ausgebreitet wären, eine Fläche von vierzehntausend Quadratfuß bedecken würden.

Die Luft wird durch die Wirkung des Zwerchfells in die Lunge gesaugt, eines großen, kräftigen, flachen, flächigen Muskels, der quer über den Brustkorb gespannt ist und den Brustkorb vom Bauchraum trennt. Die Tätigkeit des Zwerchfells ist fast so automatisch wie die des Herzens, obwohl es durch eine Willensanstrengung in einen halb-voluntären Muskel verwandelt werden kann. Wenn es sich ausdehnt, vergrößert es den Brustkorb und die Lunge, und die Luft strömt in das so entstandene Vakuum. Wenn er sich entspannt, ziehen sich Brustkorb und Lunge zusammen und die Luft wird aus der Lunge ausgestoßen.

Bevor wir nun betrachten, was mit der Luft in der Lunge geschieht, wollen wir uns ein wenig mit dem Blutkreislauf befassen. Wie Sie wissen, wird das Blut vom Herzen durch die Arterien in die Kapillaren geleitet und erreicht so jeden Teil des Körpers, den es belebt, nährt und stärkt. Anschließend kehrt es über die Kapillaren auf einem anderen Weg, den Venen, zum Herzen zurück, von wo aus es in die Lunge geleitet wird.

Das Blut beginnt seine arterielle Reise, leuchtend rot
und reichhaltig, beladen mit lebensspendenden Qualitäten und Eigenschaften. Es kehrt auf dem venösen
Weg zurück, arm, blau und trübe, da es mit den Abfall-
stoffen des Systems beladen ist. Er geht wie ein frischer
Strom aus den Bergen hervor und kehrt als ein Strom
von Abwasser zurück. Dieser faulige Strom fließt zum
rechten Vorhof des Herzens. Wenn dieser Vorhof sich
füllt, zieht er sich zusammen und drückt den Blutstrom
durch eine Öffnung in der rechten Herzkammer, die ihn
wiederum in die Lunge leitet, wo er durch Millionen
haarförmiger Blutgefäße zu den Luftzellen der Lunge
verteilt wird, von denen wir gesprochen haben. Nehmen
wir nun die Geschichte der Lunge an dieser Stelle auf.

Der faulige Blutstrom wird nun auf die Millionen von
winzigen Luftzellen in der Lunge verteilt. Ein Atemzug
wird eingeatmet, und der Sauerstoff der Luft kommt mit
dem unreinen Blut durch die dünnen Wände der haar-
ähnlichen Blutgefäße der Lunge in Kontakt, die dick
genug sind, um das Blut zu halten, aber dünn genug,
um den Sauerstoff durchzulassen. Wenn der Sauerstoff
mit dem Blut in Berührung kommt, findet eine Art Verbrennung statt, bei der das Blut Sauerstoff aufnimmt
und Kohlensäuregas freisetzt, das aus den Abfallpro-
dukten und giftigen Stoffen entsteht, die das Blut aus
allen Teilen des Körpers aufgenommen hat.

Das auf diese Weise gereinigte und mit Sauerstoff
angereicherte Blut wird zum Herzen zurückgeführt, das
wiederum reich, rot und hell und mit lebensspendenden
Eigenschaften und Qualitäten beladen ist. Nachdem es
den linken Vorhof des Herzens erreicht hat, wird es in
die linke Herzkammer gepresst, von wo aus es wieder
durch die Arterien auf seine lebensspendende Mission
in alle Teile des Systems hinausgepresst wird. Man
schätzt, dass an einem einzigen Tag von vierundzwanzig
Stunden 35.000 Liter Blut die Kapillaren der Lunge
durchqueren, wobei die Blutkörperchen im Gänse-
marsch durchlaufen und auf ihren beiden Oberflächen

dem Sauerstoff der Luft ausgesetzt sind. Wenn man die winzigen Details des erwähnten Prozesses betrachtet, kommt man aus dem Staunen nicht mehr heraus und bewundert die unendliche Sorgfalt und Intelligenz der Natur.

Man wird sehen, dass der faulige Strom des venösen Blutes nicht gereinigt werden kann, wenn nicht genügend frische Luft in die Lungen gelangt, und folglich wird der Körper nicht nur seiner Nahrung beraubt, sondern die Abfallprodukte, die zerstört werden sollten, werden in den Kreislauf zurückgeführt und vergiften das System, und der Tod tritt ein. Unreine Luft wirkt auf die gleiche Weise, nur in abgeschwächter Form. Man wird auch sehen, dass, wenn man nicht genügend Luft einatmet, die Arbeit des Blutes nicht richtig ablaufen kann, was zur Folge hat, dass der Körper unzureichend ernährt wird und Krankheiten entstehen oder ein Zustand unvollkommener Gesundheit eintritt. Das Blut eines Menschen, der nicht richtig atmet, ist natürlich von bläulicher, dunkler Farbe und hat nicht die satte Röte des reinen arteriellen Blutes. Dies äußert sich oft in einem schlechten Teint. Richtiges Atmen und ein daraus resultierender guter Kreislauf führen zu einem klaren, hellen Teint.

Ein wenig Nachdenken zeigt die entscheidende Bedeutung der richtigen Atmung. Wenn das Blut durch den Regenerationsprozess der Lunge nicht vollständig gereinigt wird, kehrt es in einem anormalen Zustand in die Arterien zurück, unzureichend gereinigt und unvollkommen von den Unreinheiten befreit, die es auf seiner Rückreise aufgenommen hat. Wenn diese Verunreinigungen in das System zurückkehren, werden sie sich mit Sicherheit in irgendeiner Form von Krankheit manifestieren, entweder in einer Form von Blutkrankheit oder einer Krankheit, die aus einer gestörten Funktion eines unzureichend ernährten Organs oder Gewebes resultiert.

Wenn das Blut in der Lunge der Luft ausgesetzt wird, werden nicht nur die Verunreinigungen verbraucht und die schädlichen Kohlensäuregase ausgeschieden, sondern es nimmt auch eine bestimmte Menge Sauerstoff auf, den es in alle Teile des Körpers transportiert, wo er benötigt wird, damit die Natur ihre Prozesse ordnungsgemäß ausführen kann. Wenn der Sauerstoff mit dem Blut in Berührung kommt, verbindet er sich mit dem Hämoglobin des Blutes und wird zu allen Zellen, Geweben, Muskeln und Organen transportiert, die er belebt und stärkt, indem er die abgenutzten Zellen und Gewebe durch neue Materialien ersetzt, die die Natur zu ihrem Nutzen umwandelt. Arterielles Blut, das ordnungsgemäß der Luft ausgesetzt ist, enthält etwa 25 Prozent freien Sauerstoff.

Nicht nur wird jeder Teil durch den Sauerstoff belebt, sondern auch der Verdauungsvorgang hängt wesentlich von einer gewissen Sauerstoffanreicherung der Nahrung ab, und dies kann nur erreicht werden, wenn der Sauerstoff im Blut mit der Nahrung in Kontakt kommt und eine bestimmte Form der Verbrennung bewirkt. Es ist daher notwendig, dass eine angemessene Sauerstoffzufuhr über die Lungen erfolgt. Dies ist der Grund dafür, dass eine schwache Lunge und eine schlechte Verdauung so häufig zusammen auftreten. Um die volle Bedeutung dieser Aussage zu erfassen, muss man sich vergegenwärtigen, dass der gesamte Körper von der aufgenommenen Nahrung ernährt wird, und dass eine unvollkommene Assimilation immer einen unvollkommen ernährten Körper bedeutet. Sogar die Lunge selbst ist von derselben Nahrungsquelle abhängig, und wenn die Assimilation durch unvollkommene Atmung unvollkommen wird und die Lunge ihrerseits geschwächt wird, ist sie noch weniger in der Lage, ihre Arbeit richtig zu verrichten, und so wird der Körper noch mehr geschwächt. Jedes Teilchen der Nahrung und des Getränks muss mit Sauerstoff angereichert werden, bevor es uns die richtige Nahrung liefern kann, und bevor die Abfallprodukte des Systems in den richtigen Zustand gebracht werden können, um aus dem System ausgeschieden zu werden. Ein Mangel an ausreichendem Sauerstoff bedeutet unzureichende Ernährung, unzureichende Ausscheidung und unzureichende Gesundheit. Wahrlich, "Atem ist Leben".

Die Verbrennung, die durch die Veränderung der Abfallprodukte entsteht, erzeugt Wärme und gleicht die Temperatur des Körpers aus. Wer gut atmet, neigt nicht dazu, sich zu erkälten", und verfügt im Allgemeinen über reichlich gutes, warmes Blut, das ihn befähigt, den Veränderungen der Außentemperatur zu widerstehen.

Zusätzlich zu den oben erwähnten wichtigen Prozessen trainiert die Atmung die inneren Organe und Muskeln, eine Eigenschaft, die von den westlichen Schriftstellern zu diesem Thema im Allgemeinen übersehen wird, die die Yogis aber voll und ganz zu schätzen wissen.

Bei unvollkommener oder flacher Atmung wird nur ein Teil der Lungenzellen ins Spiel gebracht, und ein großer Teil der Lungenkapazität geht verloren; das System leidet im Verhältnis zum Ausmaß der Unterversorgung mit Sauerstoff. Die niederen Tiere atmen in ihrem natürlichen Zustand auf natürliche Weise, und der primitive Mensch tat dies zweifellos auch. Die abnorme Lebensweise, die der zivilisierte Mensch angenommen hat - der Schatten, der auf die Zivilisation folgt -, hat uns unserer natürlichen Atmungsgewohnheit beraubt, und die Rasse hat darunter sehr gelitten. Die einzige physische Rettung des Menschen besteht darin, "zur Natur zurückzukehren".

KAPITEL IV.

DIE ESOTERISCHE THEORIE DES ATEMS.

Die Wissenschaft des Atems hat, wie viele andere Lehren auch, ihre esoterische oder innere Phase und ihre exoterische oder äußere. Die physiologische Phase kann als die äußere oder exoterische Seite des Themas bezeichnet werden, und die Phase, die wir jetzt betrachten werden, kann als die esoterische oder innere Seite bezeichnet werden. Okkultisten haben in allen Zeitaltern und Ländern immer gelehrt, gewöhnlich im Geheimen, dass in der Luft eine Substanz oder ein Prinzip zu finden sei, von dem alle Aktivität, Vitalität und Leben abgeleitet sei. Sie unterschieden sich in ihren Begriffen und Namen für diese Kraft sowie in den Einzelheiten der Theorie, aber das Hauptprinzip ist in allen okkulten Lehren und Philosophien zu finden und bildet seit Jahrhunderten einen Teil der Lehren der orientalischen Yogis.

Um Missverständnisse zu vermeiden, die sich aus den verschiedenen Theorien über dieses große Prinzip ergeben, welche Theorien gewöhnlich mit einem Namen verbunden sind, der dem Prinzip gegeben wird, werden wir in dieser Arbeit von dem Prinzip als "Prana" sprechen, wobei dieses Wort der Sanskrit-Begriff für "Absolute Energie" ist. Viele okkulte Autoritäten lehren, dass das Prinzip, das die Hindus als "Prana" bezeichnen, das universelle Prinzip der Energie oder Kraft ist, und dass alle Energie oder Kraft von diesem Prinzip abgeleitet ist oder vielmehr eine besondere Form der Manifestation dieses Prinzips darstellt. Diese Theorien betreffen uns bei der Betrachtung des Themas dieser Arbeit nicht, und wir werden uns daher darauf beschränken, Prana als das Energieprinzip zu verstehen, das sich in allen lebenden Dingen zeigt und sie von einem leblosen Ding unterscheidet. Wir können es als das aktive Prinzip des Lebens betrachten - die Lebenskraft, wenn Sie so wollen. Es findet sich in allen Lebensformen, von der Amöbe bis zum Menschen, von der elementarsten Form des Pflanzenlebens bis zur höchsten Form des tierischen Lebens. Prana ist allgegenwärtig. Es ist in allen Dingen zu finden, die Leben haben, und da die okkulte Philosophie lehrt, dass das Leben in allen Dingen ist - in jedem Atom - und die scheinbare Leblosigkeit mancher Dinge nur ein geringerer Grad der Manifestation ist, können wir ihre Lehren so verstehen, dass Prana überall und in allem ist. Prana darf nicht mit dem Ego verwechselt werden - jenem Teil des göttlichen Geistes in jeder Seele, um den sich Materie und Energie gruppieren. Prana ist lediglich eine Form von Energie, die vom Ego in seiner materiellen Manifestation genutzt wird. Wenn das Ego den Körper verlässt, reagiert das Prana, das nicht mehr unter seiner Kontrolle steht, nur noch auf die Befehle der einzelnen Atome oder Atomgruppen, die den Körper bilden, und wenn der Körper zerfällt und in seine ursprünglichen Elemente aufgelöst wird, nimmt jedes Atom genügend Prana mit, um neue Kombinationen zu bilden, während das ungenutzte Prana in das große universelle Lager zurückkehrt, aus dem es stammt. Wenn das Ego die Kontrolle hat, besteht ein Zusammenhalt, und die Atome werden durch den Willen des Egos zusammengehalten.

Prana ist der Name, mit dem wir ein universelles Prinzip bezeichnen, das die Essenz aller Bewegung, Kraft oder Energie ist, ob es sich nun in der Gravitation, der Elektrizität, dem Umlauf der Planeten und allen Formen des Lebens, von der höchsten bis zur niedrigsten, manifestiert. Man kann es als die Seele der Kraft und der Energie in allen ihren Formen bezeichnen, und als das Prinzip, das, wenn es auf eine bestimmte Weise wirkt, jene Form der Aktivität verursacht, die das Leben begleitet.

Dieses große Prinzip ist in allen Formen der Materie, und doch ist es keine Materie. Es ist in der Luft, aber es ist weder die Luft noch einer ihrer chemischen Bestandteile. Tiere und Pflanzen atmen es mit der Luft ein, und wenn die Luft es nicht enthielte, würden sie sterben, auch wenn sie mit Luft gefüllt wären. Es wird vom System zusammen mit dem Sauerstoff aufgenommen und ist doch nicht der Sauerstoff. Der hebräische Verfasser des Buches Genesis kannte den Unterschied zwischen der atmosphärischen Luft und dem geheimnisvollen und mächtigen Prinzip, das in ihr enthalten ist. Er spricht von neshemet ruach chayim, was übersetzt "der Atem des Lebensgeistes" bedeutet. Im Hebräischen bedeutet neshemet den gewöhnlichen Atem der atmosphärischen Luft, und chayim bedeutet Leben oder Leben, während das Wort ruach den "Geist des Lebens" bedeutet, von dem Okkultisten behaupten, es sei dasselbe Prinzip, von dem wir als Prana sprechen.

Prana ist in der atmosphärischen Luft, aber es ist auch anderswo, und es dringt dorthin vor, wo die Luft nicht hinkommt. Der Sauerstoff in der Luft spielt eine wichtige Rolle bei der Aufrechterhaltung des tierischen Lebens, und der Kohlenstoff spielt eine ähnliche Rolle beim pflanzlichen Leben, aber Prana hat neben den physiologischen Funktionen eine ganz eigene Rolle bei der Manifestation des Lebens zu spielen.

Wir atmen ständig die mit Prana geladene Luft ein und entziehen ihr ebenso ständig das Prana und machen es uns zunutze. Prana ist in seinem freiesten Zustand in der atmosphärischen Luft zu finden, die, wenn sie frisch ist, ziemlich mit Prana geladen ist, und wir ziehen es leichter aus der Luft zu uns als aus irgendeiner anderen Quelle. Bei der gewöhnlichen Atmung nehmen wir einen normalen Vorrat an Prana auf und entnehmen ihn, aber durch kontrollierte und regulierte Atmung (allgemein als Yogi-Atmung bekannt) sind wir in der Lage, einen größeren Vorrat zu entnehmen, der im Gehirn und in den Nervenzentren gespeichert wird, um bei Bedarf verwendet zu werden. Wir können Prana speichern, so wie ein Akku Elektrizität speichert. Die vielen Kräfte, die fortgeschrittenen Okkultisten zugeschrieben werden, sind größtenteils auf ihr Wissen um diese Tatsache und ihre intelligente Nutzung dieser gespeicherten Energie zurückzuführen. Die Yogis wissen, dass sie durch bestimmte Formen der Atmung bestimmte Beziehungen zum Prana-Vorrat herstellen und daraus schöpfen können, was sie brauchen. Auf diese Weise stärken sie nicht nur alle Teile ihres Körpers, sondern auch das Gehirn selbst kann aus der gleichen Quelle mehr Energie erhalten, latente Fähigkeiten werden entwickelt und übersinnliche Kräfte erlangt. Jemand, der die Wissenschaft der bewussten oder unbewussten Speicherung von Prana beherrscht, strahlt oft eine Vitalität und Kraft aus, die von denjenigen, die mit ihm in Kontakt kommen, gespürt wird, und ein solcher Mensch kann diese Kraft auf andere übertragen und ihnen mehr Vitalität und Gesundheit schenken. Die so genannte "magnetische Heilung" wird auf diese Weise durchgeführt, obwohl sich viele Praktizierende der Quelle ihrer Kraft nicht bewusst sind.

Westliche Wissenschaftler waren sich dieses großen Prinzips, mit dem die Luft aufgeladen ist, nur schemenhaft bewusst, aber da sie keine chemische Spur davon finden oder es mit ihren Instrumenten registrieren konnten, haben sie die orientalische Theorie im Allgemeinen mit Verachtung behandelt. Sie konnten dieses Prinzip nicht erklären und lehnten es daher ab. Sie scheinen jedoch anzuerkennen, dass die Luft an bestimmten Orten eine größere Menge von "etwas" enthält und dass kranke Menschen von ihren Ärzten angewiesen werden, solche Orte aufzusuchen, in der Hoffnung, die verlorene Gesundheit wiederzuerlangen.

Der Sauerstoff in der Luft wird vom Blut aufgenommen und vom Kreislaufsystem genutzt. Das Prana in der Luft wird vom Nervensystem aufgenommen und für seine Arbeit verwendet. Und so wie das sauerstoffhaltige

Blut in alle Teile des Systems getragen wird, um es auf-
zubauen und aufzufüllen, so wird das Prana in alle
Teile des Nervensystems getragen, um Kraft und Vitalität zu verleihen. Wenn wir uns Prana als das aktive
Prinzip dessen vorstellen, was wir "Vitalität" nennen,
können wir uns eine viel klarere Vorstellung davon
machen, welche wichtige Rolle es in unserem Leben
spielt. So wie der Sauerstoff im Blut durch die Bedürf-
nisse des Systems verbraucht wird, so wird auch der
vom Nervensystem aufgenommene Vorrat an Prana
durch unser Denken, Wollen, Handeln usw. erschöpft,
so dass ein ständiges Auffüllen notwendig ist. Jeder
Gedanke, jede Handlung, jede Willensanstrengung, jede
Muskelbewegung verbraucht eine bestimmte Menge
dessen, was wir Nervenkraft nennen, die in Wirklichkeit
eine Form von Prana ist. Um einen Muskel zu bewegen,
sendet das Gehirn einen Impuls über die Nerven aus,
und der Muskel zieht sich zusammen, und so wird viel
Prana verbraucht. Wenn man bedenkt, dass der größte
Teil des Pranas, das der Mensch erwirbt, aus der eingeatmeten Luft stammt, versteht man leicht, wie wichtig
die richtige Atmung ist.

KAPITEL V.

DAS NERVENSYSTEM.

Es wird auffallen, dass die westlichen wissenschaftlichen Theorien über den Atem sich auf die Auswirkungen der Aufnahme von Sauerstoff und seine Verwendung durch das Kreislaufsystem beschränken, während die Yogi-Theorie auch die Aufnahme von Prana und seine Manifestation durch die Kanäle des Nervensystems in Betracht zieht. Bevor wir fortfahren, ist es vielleicht angebracht, einen kurzen Blick auf das Nervensystem zu werfen.

Das Nervensystem des Menschen ist in zwei große Systeme unterteilt, nämlich in das zerebrospinale System und das sympathische System. Das zerebro-spinale System besteht aus dem gesamten Teil des Nervensystems, der sich in der Schädelhöhle und im Wirbelkanal befindet, d.h. dem Gehirn und dem Rückenmark, zusammen mit den Nerven, die von ihnen abzweigen. Dieses System steuert die Funktionen des tierischen Lebens, die als Wille, Empfindung usw. bekannt sind. Das Sympathikus-System umfasst den gesamten Teil des Nervensystems, der sich hauptsächlich in der Brust-, Bauch- und Beckenhöhle befindet und zu den inneren Organen führt. Er steuert die unwillkürlichen Prozesse wie Wachstum, Ernährung usw.

Das zerebrospinale System ist für das Sehen, Hören, Schmecken, Riechen, Fühlen usw. zuständig. Es setzt die Dinge in Bewegung; es wird vom Ego benutzt, um zu denken - um Bewusstsein zu manifestieren. Es ist das Instrument, mit dem das Ego mit der Außenwelt kommuniziert. Dieses System kann mit einem Telefonsystem verglichen werden, mit dem Gehirn als Zentrale und der Wirbelsäule und den Nerven als Kabel bzw. Drähte.

Das Gehirn ist eine große Masse von Nervengewebe und besteht aus drei Teilen, nämlich dem Großhirn (Cerebrum), das den oberen, vorderen, mittleren und hinteren Teil des Schädels einnimmt, dem Kleinhirn (Cerebellum), das den unteren und hinteren Teil des Schädels ausfüllt, und dem verlängerten Rückenmark (Medulla Oblongata), dem verbreiterten Anfang des Rückenmarks, das vor dem Cerebellum liegt.

Das Großhirn ist das Organ des Teils des Geistes, der sich in intellektuellen Handlungen manifestiert. Das Kleinhirn reguliert die Bewegungen der willkürlichen Muskeln. Die Medulla Oblongata ist das obere vergrößerte Ende des Rückenmarks. Von ihr und dem Großhirn gehen die Hirnnerven aus, die zu verschiedenen Teilen des Kopfes, zu den besonderen Sinnesorganen, zu einigen Brust- und Bauchorganen und zu den Atmungsorganen reichen.

Das Rückenmark füllt den Wirbelsäulenkanal in der Wirbelsäule oder dem Rückgrat aus. Es ist eine lange Masse von Nervengewebe, die sich an den verschiedenen Wirbeln zu Nerven verzweigt, die mit allen Teilen des Körpers in Verbindung stehen. Das Rückenmark ist wie ein großes Telefonkabel, und die austretenden Nerven sind wie die Privatdrähte, die damit verbunden sind.

Das sympathische Nervensystem besteht aus einer Doppelkette von Ganglien auf der Seite der Wirbelsäule und verstreuten Ganglien in Kopf, Hals, Brust und Unterleib. (Ein Ganglion ist eine Ansammlung von Nervensubstanz, die Nervenzellen enthält.) Diese Ganglien sind durch Fäden miteinander verbunden und stehen auch durch motorische und sensorische Nerven mit dem zerebrospinalen System in Verbindung. Von diesen Ganglien verzweigen sich zahlreiche Fasern zu den Organen des Körpers, den Blutgefäßen usw. An verschiedenen Stellen laufen die Nerven zusammen und bilden so genannte Geflechte. Der Sympathikus steuert praktisch die unwillkürlichen Vorgänge, wie Kreislauf, Atmung und Verdauung.

Die Kraft, die vom Gehirn über die Nerven auf alle Teile des Körpers übertragen wird, ist in der westlichen Wissenschaft als "Nervenkraft" bekannt, obwohl der Yogi weiß, dass sie eine Manifestation von Prana ist. In Charakter und Schnelligkeit ähnelt sie dem elektrischen Strom. Es wird sich zeigen, dass ohne diese "Nervenkraft" das Herz nicht schlagen kann, das Blut nicht zirkulieren kann, die Lungen nicht atmen können, die verschiedenen Organe nicht funktionieren können, ja, dass die Maschinerie des Körpers ohne sie zum Stillstand kommt. Mehr noch, sogar das Gehirn kann nicht denken, wenn Prana nicht vorhanden ist. Wenn man diese Tatsachen in Betracht zieht, muss die Bedeutung der Absorption von Prana für alle offensichtlich sein, und die Wissenschaft des Atems nimmt eine Bedeutung an, die noch größer ist als die, die ihr von der westlichen Wissenschaft zuerkannt wird.

Die Lehren der Yogis gehen in einem wichtigen Aspekt des Nervensystems weiter als die westliche Wissenschaft. Wir spielen auf das an, was die westliche Wissenschaft als "Solarplexus" bezeichnet und was sie lediglich als eine Reihe bestimmter verfilzter Netze von Sympathikusnerven mit ihren Ganglien betrachtet, die sich in verschiedenen Teilen des Körpers befinden. Die Yogi-Wissenschaft lehrt, dass dieser Solarplexus in Wirklichkeit ein äußerst wichtiger Teil des Nervensystems ist und dass er eine Art Gehirn darstellt, das eine der Hauptrollen in der menschlichen Wirtschaft spielt. Die westliche Wissenschaft scheint sich allmählich auf die Anerkennung dieser Tatsache zuzubewegen, die den Yogis des Ostens schon seit Jahrhunderten bekannt ist, und einige westliche Autoren haben den Solarplexus kürzlich als "Bauchhirn" bezeichnet. Das Sonnengeflecht befindet sich in der epigastrischen Region, gleich hinter der "Magengrube" auf beiden Seiten der Wirbelsäule. Es besteht aus weißer und grauer Hirnsubstanz, die derjenigen der anderen Gehirne des Menschen ähnlich ist. Es hat die Kontrolle über die wichtigsten inneren Organe des Menschen und spielt eine viel wichtigere Rolle, als allgemein anerkannt wird. Wir werden nicht auf die Theorie der Yogis bezüglich des Solarplexus eingehen, sondern nur sagen, dass sie ihn als das große zentrale Lagerhaus des Prana kennen. Es ist bekannt, dass Menschen durch einen schweren Schlag auf den Solarplexus auf der Stelle getötet wurden, und Preiskämpfer erkennen seine Verwundbarkeit und lähmen ihre Gegner häufig vorübergehend durch einen Schlag auf diese Region.

Der Name "Solar" für dieses "Gehirn" ist gut gewählt, denn es strahlt Kraft und Energie in alle Teile des Körpers aus, und selbst die oberen Hirnregionen hängen weitgehend von ihm als Prana-Speicher ab. Früher oder später wird die westliche Wissenschaft die wirkliche Funktion des Sonnengeflechts voll erkennen und ihm einen weitaus wichtigeren Platz einräumen, als es jetzt in ihren Lehrbüchern und Lehren einnimmt.

KAPITEL VI.

NASENLÖCHER-ATMUNG VS. MUND-ATMUNG.

Eine der ersten Lektionen in der Yogi-Wissenschaft des Atems besteht darin, zu lernen, wie man durch die Nasenlöcher atmet, und die übliche Praxis der Mundatmung zu überwinden.

Der Atmungsmechanismus des Menschen ist so konstruiert, dass er entweder durch den Mund oder durch die Nasenlöcher atmen kann, aber es ist von entscheidender Bedeutung für ihn, welcher Methode er folgt, da die eine Gesundheit und Stärke und die andere Krankheit und Schwäche bringt.

Es sollte nicht nötig sein, dem Schüler zu erklären, dass die richtige Methode der Atmung darin besteht, den Atem durch die Nasenlöcher zu nehmen, aber leider ist die Unwissenheit der zivilisierten Menschen in dieser einfachen Angelegenheit erstaunlich. Wir finden Menschen in allen Lebensbereichen, die gewohnheitsmäßig durch den Mund atmen und ihren Kindern erlauben, ihrem schrecklichen und ekelhaften Beispiel zu folgen.

Viele der Krankheiten, an denen der zivilisierte Mensch leidet, werden zweifellos durch diese Gewohnheit der Mundatmung verursacht. Kinder, die auf diese Weise atmen dürfen, wachsen mit verminderter Vitalität und geschwächter Konstitution auf und werden im Mannes- und Frauenalter zu chronischen Invaliden. Die Mutter der wilden Rasse macht es besser, da sie offensichtlich von ihrer Intuition geleitet wird. Sie scheint instinktiv zu erkennen, dass die Nasenlöcher die richtigen Kanäle für den Transport der Luft in die Lungen sind, und sie erzieht ihr Kind dazu, seine kleinen Lippen zu schließen und durch die Nase zu atmen. Sie neigt den Kopf des Kindes nach vorne, wenn es schläft, wodurch die Lippen geschlossen werden und die Nasen-

atmung zwingend erforderlich wird. Wenn unsere zivilisierten Mütter denselben Plan verfolgen würden, wäre
das für die Rasse von großem Nutzen.

Viele ansteckende Krankheiten werden durch die
ekelhafte Angewohnheit der Mundatmung übertragen,
und viele Fälle von Erkältungen und Katarrhen sind auf
die gleiche Ursache zurückzuführen. Viele Menschen,
die tagsüber aus Gründen des äußeren Anscheins den
Mund geschlossen halten, atmen nachts weiter mit dem
Mund und erkranken auf diese Weise häufig.

Sorgfältig durchgeführte wissenschaftliche Experimente haben gezeigt, dass Soldaten und Matrosen, die
mit offenem Mund schlafen, viel anfälliger für ansteckende Krankheiten sind als diejenigen, die richtig
durch die Nasenlöcher atmen. Es wird von einem Fall
berichtet, bei dem auf einem Kriegsschiff in der Fremde
die Pocken epidemisch wurden, und jeder Todesfall, der
sich daraus ergab, war der eines Matrosen oder Marine-
soldaten, der mit dem Mund atmete; kein einziger
Nasenatmer erlag der Krankheit.

Die Atmungsorgane haben ihren einzigen Schutzap-
parat, Filter oder Staubfänger, in den Nasenlöchern.
Wenn der Atem durch den Mund genommen wird, gibt
es vom Mund bis zur Lunge nichts, was die Luft belas-
ten oder den Staub und andere Fremdkörper in der Luft
auffangen könnte. Vom Mund zur Lunge hat der
Schmutz oder die unreine Substanz freie Bahn, und das
gesamte Atmungssystem ist ungeschützt. Außerdem
gelangt durch die falsche Atmung kalte Luft an die
Organe, die dadurch geschädigt werden. Entzündungen
der Atmungsorgane entstehen oft durch das Einatmen
kalter Luft durch den Mund. Wer nachts durch den
Mund atmet, wacht immer mit einem trockenen Gefühl
im Mund und einer Trockenheit im Hals auf. Er ver-
stößt gegen eines der Naturgesetze und sät die Saat der
Krankheit.

Denken Sie noch einmal daran, dass der Mund keinen Schutz für die Atmungsorgane bietet, und dass kalte Luft, Staub, Unreinheiten und Keime leicht durch diese Tür eindringen. Die Nasenlöcher und die Nasenkanäle hingegen zeugen von der sorgfältigen Planung der Natur in dieser Hinsicht. Die Nasenlöcher sind zwei enge, gewundene Kanäle, die zahlreiche borstige Haare enthalten, die als Filter oder Sieb dienen, um die Luft von ihren Verunreinigungen usw. zu befreien, die beim Ausatmen ausgestoßen werden. Die Nasenlöcher erfüllen nicht nur diesen wichtigen Zweck, sondern haben auch eine wichtige Funktion bei der Erwärmung der eingeatmeten Luft. Die langen, schmalen, gewundenen Nasenlöcher sind mit warmer Schleimhaut gefüllt, die bei Kontakt mit der eingeatmeten Luft diese erwärmt, so dass sie den empfindlichen Organen des Rachens oder der Lunge keinen Schaden zufügen kann.

Kein Tier, mit Ausnahme des Menschen, schläft mit offenem Mund oder atmet durch den Mund, und tatsächlich glaubt man, dass nur der zivilisierte Mensch die Funktionen der Natur so pervertiert, während die wilden und barbarischen Rassen fast ausnahmslos richtig atmen. Es ist wahrscheinlich, dass diese unnatürliche Angewohnheit bei den zivilisierten Menschen durch unnatürliche Lebensweisen, entnervenden Luxus und übermäßige Wärme erworben wurde.

Der Reinigungs-, Filter- und Dehnungsapparat der Nasenlöcher sorgt dafür, dass die Luft die empfindlichen Organe des Rachens und der Lunge erreicht, und die Luft ist nicht geeignet, diese Organe zu erreichen, bevor sie den Reinigungsprozess der Natur durchlaufen hat. Die Verunreinigungen, die von den Sieben und der Schleimhaut der Nasenlöcher aufgehalten und zurückgehalten werden, werden bei der Ausatmung durch den ausgestoßenen Atem wieder herausgeschleudert, und wenn sie sich zu schnell angesammelt haben oder durch die Siebe entkommen und in verbotene Regionen eingedrungen sind, schützt uns die Natur durch einen Niesanfall, der den Eindringling gewaltsam ausstößt.

Die Luft, die in die Lunge eindringt, unterscheidet sich von der Außenluft so sehr wie destilliertes Wasser vom Wasser einer Zisterne. Die komplizierte, reinigende Organisation der Nasenlöcher, die die unreinen Partikel in der Luft auffängt und festhält, ist ebenso wichtig wie die Wirkung des Mundes, der Kirschkerne und Fischgräten aufhält und verhindert, dass sie in den Magen weitergetragen werden. Der Mensch sollte genauso wenig durch den Mund atmen, wie er versuchen würde, die Nahrung durch die Nase aufzunehmen.

Ein weiteres Merkmal der Mundatmung besteht darin, dass die Nasengänge, die auf diese Weise vergleichsweise unbenutzt sind, sich nicht sauber und klar halten können, sondern verstopft und verunreinigt werden und zu lokalen Krankheiten neigen. Wie verlassene Straßen, die sich bald mit Unkraut und Unrat füllen, so füllen sich ungenutzte Nasenlöcher mit Unreinheiten und fauligen Stoffen.

Jemand, der gewohnheitsmäßig durch die Nasenlöcher atmet, wird wahrscheinlich nicht von verstopften oder verstopften Nasenlöchern geplagt, aber zum Nutzen derjenigen, die mehr oder weniger der unnatürlichen Mundatmung verfallen sind und sich die natürliche und vernünftige Methode aneignen wollen, ist es vielleicht gut, ein paar Worte über die Art und Weise hinzuzufügen, wie sie ihre Nasenlöcher sauber und frei von Unreinheiten halten können.

Eine beliebte orientalische Methode besteht darin, ein wenig Wasser durch die Nasenlöcher zu schnupfen und es durch den Rachen ablaufen zu lassen, von wo aus es durch den Mund ausgestoßen werden kann. Manche Hindu-Yogis tauchen das Gesicht in eine Schüssel mit Wasser und saugen durch eine Art Sog eine ganze Menge Wasser ein, aber diese letztere Methode erfordert viel Übung, und die erstgenannte

Methode ist ebenso wirksam und viel leichter durchzuführen.

Eine andere gute Methode ist, das Fenster zu öffnen
und frei zu atmen, indem man ein Nasenloch mit dem
Finger oder Daumen verschließt und die Luft durch das
offene Nasenloch einatmet. Wiederholen Sie dann den
Vorgang mit dem anderen Nasenloch. Wiederholen Sie
diesen Vorgang mehrmals und wechseln Sie dabei die
Nasenlöcher. Mit dieser Methode werden die Nasenlöcher in der Regel von Verstopfungen befreit.

Wenn die Beschwerden durch Katarrh verursacht
werden, ist es gut, ein wenig Vaseline oder Kampfer-Eis
oder ein ähnliches Präparat aufzutragen. Oder schnüffeln Sie ab und zu ein wenig Hamamelis-Extrakt, und
Sie werden eine deutliche Verbesserung feststellen. Mit
ein wenig Sorgfalt und Aufmerksamkeit werden die
Nasenlöcher sauber und bleiben es auch.

Wir haben diesem Thema der Nasenlochatmung viel
Platz eingeräumt, nicht nur wegen seiner großen
Bedeutung für die Gesundheit, sondern auch, weil die
Nasenlochatmung eine Voraussetzung für die Praxis der
Atemübungen ist, die später in diesem Buch beschrieben werden, und weil die Nasenlochatmung eines der
grundlegenden Prinzipien der Yogi-Wissenschaft des
Atems ist.

Wir weisen den Schüler eindringlich auf die Notwendigkeit hin, sich diese Atemmethode anzueignen, wenn
er sie noch nicht hat, und warnen ihn davor, diese
Phase des Themas als unwichtig abzutun.

KAPITEL VII.

VIER METHODEN DER ATMUNG.

Bei der Betrachtung der Frage der Atmung müssen wir mit der Betrachtung der mechanischen Vorkehrungen beginnen, durch die die Atembewegungen zustande kommen. Die Mechanik der Atmung manifestiert sich durch (1) die elastischen Bewegungen der Lungen und (2) die Aktivitäten der Seiten und des Bodens der Brusthöhle, in der die Lungen enthalten sind. Der Brustkorb ist der Teil des Rumpfes zwischen Hals und Bauch, dessen Hohlraum (die so genannte Brusthöhle) hauptsächlich von den Lungen und dem Herzen eingenommen wird. Begrenzt wird sie durch die Wirbelsäule, die Rippen mit ihren Knorpeln, das Brustbein und unten durch das Zwerchfell. Im Allgemeinen wird er als "Brustkorb" bezeichnet. Er wird mit einem vollständig geschlossenen, konischen Kasten verglichen, dessen kleines Ende nach oben gerichtet ist, wobei die Rückseite des Kastens von der Wirbelsäule, die Vorderseite vom Brustbein und die Seiten von den Rippen gebildet werden.

Die Rippen sind vierundzwanzig an der Zahl, zwölf auf jeder Seite, und treten an jeder Seite der Wirbelsäule hervor. Die oberen sieben Rippenpaare werden als "echte Rippen" bezeichnet, da sie direkt am Brustbein befestigt sind, während die unteren fünf Paare als "falsche Rippen" oder "schwimmende Rippen" bezeichnet werden, da sie nicht so befestigt sind; die oberen zwei von ihnen sind durch Knorpel an den anderen Rippen befestigt, die übrigen haben keine Knorpel, ihre vorderen Enden sind frei.

Die Rippen werden bei der Atmung durch zwei oberflächliche Muskelschichten, die so genannten Zwischenrippenmuskeln, bewegt. Das Zwerchfell, die bereits erwähnte muskuläre Trennwand, trennt den Brustkasten von der Bauchhöhle.

Beim Einatmen dehnen die Muskeln die Lunge aus, so dass ein Unterdruck entsteht und die Luft gemäß dem bekannten physikalischen Gesetz einströmt. Alles hängt von den Muskeln ab, die am Atmungsprozess beteiligt sind und die wir der Einfachheit halber als "Atmungsmuskeln" bezeichnen können. Ohne die Hilfe dieser Muskeln kann sich die Lunge nicht ausdehnen, und von der richtigen Verwendung und Kontrolle dieser Muskeln hängt die Wissenschaft des Atems weitgehend ab. Die richtige Kontrolle dieser Muskeln führt dazu, dass sich die Lunge maximal ausdehnen kann und die lebensspendenden Eigenschaften der Luft in größtmöglichem Umfang in das System gelangen.

Die Yogis klassifizieren die Atmung in vier allgemeine Methoden, nämlich

(1) Hohe Atmung.

(2) Mittlere Atmung.

(3) Niedrige Atmung.

(4) Vollständige Yogi-Atmung.

Wir werden eine allgemeine Vorstellung von den ersten drei Methoden geben und eine ausführlichere Behandlung der

vierten Methode, auf der die Yogi-Wissenschaft des Atems weitgehend beruht.

(1) HOHE ATMUNG.

Diese Form der Atmung ist in der westlichen Welt als Schlüsselbeinatmung oder Collarbone Breathing (Schlüsselbeinatmung) bekannt. Wer auf diese Weise atmet, hebt die Rippen an und hebt das Schlüsselbein und die Schultern, während er gleichzeitig den Bauch einzieht und seinen Inhalt nach oben gegen das Zwerchfell drückt, das seinerseits angehoben wird.

Der obere Teil des Brustkorbs und der Lunge, der am
kleinsten ist, wird beansprucht, so dass nur eine mini-
male Luftmenge in die Lunge gelangt. Da das Zwerchfell
angehoben ist, kann sich die Lunge auch nicht in diese
Richtung ausdehnen. Ein Studium der Anatomie des
Brustkorbs wird jeden Schüler davon überzeugen, dass
auf diese Weise ein Maximum an Anstrengung aufge-
wendet wird, um ein Minimum an Nutzen zu erzielen.

Die Hohe Atmung ist wahrscheinlich die schlechteste
Form der Atmung, die dem Menschen bekannt ist, und
erfordert den größten Energieaufwand mit dem gerings-
ten Nutzen. Es handelt sich um einen Plan, der Energie
verschwendet und wenig Nutzen bringt. Sie ist unter
den westlichen Völkern weit verbreitet, viele Frauen
sind ihr verfallen, und sogar Sänger, Geistliche,
Anwälte und andere, die es besser wissen sollten, wen-
den sie unwissend an.

Viele Erkrankungen der Stimm- und Atmungsorgane
lassen sich direkt auf diese barbarische Atmungsmethode zurückführen, und die durch diese Methode ver-
ursachte Überlastung der empfindlichen Organe führt
oft zu den rauen, unangenehmen Stimmen, die man
überall hört. Viele Menschen, die auf diese Weise
atmen, werden süchtig nach der ekelerregenden Praxis
der "Mundatmung", die in einem vorangegangenen
Kapitel beschrieben wurde.

Wenn der Schüler irgendwelche Zweifel an dem hat,
was über diese Form der Atmung gesagt wurde, soll er
das Experiment machen, die gesamte Luft aus seinen
Lungen auszustoßen, dann aufrecht zu stehen, die
Hände an den Seiten zu halten, die Schultern und das
Schlüsselbein anzuheben und einzuatmen. Er wird feststellen, dass die Menge der eingeatmeten Luft weit
unter dem Normalwert liegt. Lassen Sie ihn dann einen
vollen Atemzug einatmen, nachdem er die Schultern
und das Schlüsselbein gesenkt hat, und er wird eine
Objektlektion in Sachen Atmung erhalten, an die er

sich viel länger erinnern wird als an irgendwelche gedruckten oder gesprochenen Worte.

(2) MITTLERE ATMUNG.

Diese Methode der Atmung ist westlichen Schülern als Rippenatmung oder Zwischenrippenatmung bekannt und ist, obwohl sie weniger anstößig ist als die Hohe Atmung, der Tiefen Atmung oder dem vollständigen Yogi-Atem weit unterlegen. Bei der mittleren Atmung wird das Zwerchfell nach oben gedrückt und der Bauch eingezogen. Die Rippen werden etwas angehoben, und der Brustkorb wird teilweise erweitert. Sie ist bei Menschen, die sich nicht mit dem Thema beschäftigt haben, recht verbreitet. Da zwei bessere Methoden bekannt sind, erwähnen wir sie nur am Rande, und zwar hauptsächlich, um auf ihre Unzulänglichkeiten aufmerksam zu machen.

(3) TIEFES ATMEN.

Diese Form der Atmung ist bei weitem besser als jede der beiden vorhergehenden Formen: und in den letzten Jahren haben viele westliche Schriftsteller ihre Vorzüge gepriesen und sie unter den Namen "Bauchatmung", "Tiefenatmung", "Zwerchfellatmung" usw. usw. ausgebeutet, und es wurde viel Gutes erreicht, indem die Aufmerksamkeit der Öffentlichkeit auf dieses Thema gelenkt und viele dazu gebracht wurden, es anstelle der oben erwähnten inneren und schädlichen Methoden anzuwenden. Viele "Systeme" der Atmung sind um die Niedrige Atmung herum aufgebaut worden, und Studenten haben hohe Preise gezahlt, um die neuen (?) Systeme zu lernen. Aber, wie wir gesagt haben, ist viel Gutes dabei herausgekommen, und schließlich haben die Schüler, die hohe Preise bezahlt haben, um überarbeitete alte Systeme zu lernen, zweifellos ihr Geld wert, wenn sie dazu gebracht wurden, die alten Methoden der Hohen Atmung und der Tiefen Atmung abzulegen.

Obwohl viele westliche Autoritäten über diese Methode schreiben und von ihr als der bekanntesten Form der Atmung sprechen, wissen die Yogis, dass sie nur ein Teil eines Systems ist, das sie seit Jahrhunderten anwenden und das sie als "Der vollständige Atem" kennen. Es muss jedoch zugegeben werden, dass man mit den Prinzipien der tiefen Atmung vertraut sein muss, bevor man die Idee der vollständigen Atmung begreifen kann.

Betrachten wir noch einmal das Zwerchfell. Was ist es? Wir haben gesehen, dass es der große Trennmuskel ist, der den Brustkorb und seinen Inhalt vom Bauchraum und seinem Inhalt trennt. Im Ruhezustand stellt es eine konkave Fläche zum Bauch dar. Das heißt, das Zwerchfell erscheint vom Bauch aus betrachtet wie der Himmel von der Erde aus gesehen - das Innere einer gewölbten Fläche. Folglich ist die Seite des Zwerchfells, die den Brustorganen zugewandt ist, wie eine vorspringende, abgerundete Fläche - wie ein Hügel. Wenn das Zwerchfell zum Einsatz kommt, wird die Hügelformation abgesenkt und das Zwerchfell drückt auf die Bauchorgane und drückt den Bauch nach außen.

Bei der tiefen Atmung haben die Lungen mehr Spielraum als bei den bereits erwähnten Methoden, und es wird folglich mehr Luft eingeatmet. Diese Tatsache hat die meisten westlichen Autoren dazu veranlasst, von der Tiefen Atmung (die sie Bauchatmung nennen) als der höchsten und besten Methode zu sprechen und zu schreiben, die der Wissenschaft bekannt ist. Aber der orientalische Yogi kennt seit langem eine bessere Methode, und einige wenige westliche Autoren haben diese Tatsache ebenfalls erkannt. Das Problem mit allen anderen Atemmethoden als der "Vollständigen Yogi-Atmung" ist, dass bei keiner dieser Methoden die Lungen mit Luft gefüllt werden - im besten Fall wird nur ein Teil des Lungenraums gefüllt, selbst bei der Niedrigen Atmung. Die Hohe Atmung füllt nur den oberen Teil der Lunge. Mittlere Atmung füllt nur den mittleren und einen Teil der oberen Teile. Niedrige Atmung füllt nur den unteren und mittleren Teil. Es ist offensichtlich, dass jede Methode, die den gesamten Lungenraum ausfüllt, derjenigen, die nur bestimmte Teile ausfüllt, weit vorzuziehen ist. Jede Methode, die den gesamten Lungenraum ausfüllt, muss für den Menschen von größtem Wert sein, da sie ihm ermöglicht, die größte Menge an Sauerstoff aufzunehmen und die größte Menge an Prana zu speichern. Der vollständige Atem ist den Yogis als die beste Methode der Atmung bekannt, die die Wissenschaft kennt.

DER VOLLSTÄNDIGE YOGI-ATEM.

Die Vollständige Yogi-Atmung beinhaltet alle guten Aspekte der Hohen Atmung, der Mittleren Atmung und der Tiefen Atmung, wobei die unerwünschten Eigenschaften jeder dieser Atemarten eliminiert werden. Sie bringt den gesamten Atmungsapparat ins Spiel, jeden Teil der Lunge, jede Luftzelle, jeden Atemmuskel. Der gesamte Atmungsorganismus reagiert auf diese Art der Atmung, und mit einem Minimum an Energieaufwand wird ein Maximum an Nutzen erzielt. Der Brustraum wird in allen Richtungen bis an seine normalen Grenzen erweitert, und jeder Teil des Apparates verrichtet seine natürliche Arbeit und Funktion.

Eines der wichtigsten Merkmale dieser Atmungsmethode ist die Tatsache, dass die Atemmuskulatur vollständig beansprucht wird, während bei den anderen Formen der Atmung nur ein Teil dieser Muskeln zum Einsatz kommt. Bei der vollständigen Atmung werden neben anderen Muskeln auch die Muskeln, die die Rippen kontrollieren, aktiv eingesetzt, was den Raum vergrößert, in dem sich die Lungen ausdehnen können, und den Organen bei Bedarf die richtige Unterstützung gibt, wobei sich die Natur die Perfektion des Hebelprinzips zu Nutze macht. Bestimmte Muskeln halten die unteren Rippen fest in ihrer Position, während andere Muskeln sie nach außen biegen.

Das Zwerchfell wiederum steht bei dieser Methode unter perfekter Kontrolle und ist in der Lage, seine Funktionen ordnungsgemäß auszuführen, und zwar so, dass es ein Höchstmaß an Leistung erbringt.

Bei der oben erwähnten Rippentätigkeit werden die unteren Rippen vom Zwerchfell kontrolliert, das sie leicht nach unten zieht, während andere Muskeln sie an ihrem Platz halten und die Zwischenrippenmuskeln sie nach außen drücken, wodurch die mittlere Brusthöhle bis zu ihrem Maximum vergrößert wird. Zusätzlich zu dieser Muskelaktion werden auch die oberen Rippen von den Zwischenrippenmuskeln angehoben und nach außen gedrückt, wodurch die Kapazität des oberen Brustkorbs maximal vergrößert wird.

Wenn Sie die Besonderheiten der vier genannten Atemmethoden studiert haben, werden Sie sofort erkennen, dass der Vollständige Atem alle vorteilhaften Eigenschaften der drei anderen Methoden sowie die wechselseitigen Vorteile umfasst, die sich aus der kombinierten Wirkung des hohen Brustkorbs, des mittleren Brustkorbs und des Zwerchfells und dem dadurch erzielten normalen Rhythmus ergeben.

In unserem nächsten Kapitel werden wir uns mit dem vollständigen Atem in der Praxis befassen und eine ausführliche Anleitung für den Erwerb dieser überlegenen Atemmethode mit Übungen usw. geben.

KAPITEL VIII.

WIE MAN DEN VOLLSTÄNDIGEN YOGI-ATEM ERLANGT.

Der Vollständige Yogi-Atem ist der grundlegende Atem der gesamten Yogi-Atemwissenschaft, und der Schüler muss sich mit ihm vollständig vertraut machen und ihn perfekt beherrschen, bevor er hoffen kann, mit den anderen Atemformen, die in diesem Buch erwähnt und gegeben werden, Ergebnisse zu erzielen. Er sollte sich nicht damit begnügen, sie nur halb zu erlernen, sondern ernsthaft daran arbeiten, bis sie zu seiner natürlichen Atemmethode wird. Dies wird Arbeit, Zeit und Geduld erfordern, aber ohne diese Dinge wird nichts jemals erreicht. Es gibt keinen Königsweg zur Wissenschaft des Atems, und der Schüler muss bereit sein, ernsthaft zu üben und zu studieren, wenn er Ergebnisse erzielen will. Die Ergebnisse, die durch eine vollständige Beherrschung der Wissenschaft des Atems erzielt werden, sind großartig, und niemand, der sie erreicht hat, würde gerne zu den alten Methoden zurückkehren, und er wird seinen Freunden sagen, dass er sich für all seine Arbeit reichlich entschädigt fühlt. Wir sagen diese Dinge jetzt, damit Sie die Notwendigkeit und Wichtigkeit der Beherrschung dieser grundlegenden Methode der Yogi-Atmung voll und ganz verstehen können, anstatt sie zu übergehen und einige der attraktiv aussehenden Variationen auszuprobieren, die später in diesem Buch gegeben werden. Nochmals, wir sagen Ihnen: Fange richtig an, und die richtigen Ergebnisse werden folgen; aber vernachlässige dein Fundament, und dein ganzes Gebäude wird früher oder später umfallen.

Vielleicht wäre es besser, Ihnen beizubringen, wie Sie den vollständigen Yogi-Atem entwickeln können, wenn

Sie einfache Anweisungen bezüglich des Atems selbst geben würden, dann allgemeine Bemerkungen über den Atem und später Übungen zur Entwicklung des Brustkorbs, der Muskeln und der Lungen, die durch unvollkommene Atemmethoden in einem unentwickelten Zustand bleiben durften. An dieser Stelle möchten wir sagen, dass dieser Vollständige Atem keine erzwungene oder abnormale Sache ist, sondern im Gegenteil eine Rückkehr zu den ersten Prinzipien - eine Rückkehr zur Natur. Der gesunde erwachsene Wilde und der gesunde Säugling der Zivilisation atmen beide auf diese Weise, aber der zivilisierte Mensch hat unnatürliche Methoden des Lebens, der Kleidung usw. angenommen und sein Geburtsrecht verloren. Und wir möchten den Leser daran erinnern, dass der Vollständige Atem nicht notwendigerweise die vollständige Füllung der Lungen bei jedem Einatmen erfordert. Man kann die durchschnittliche Luftmenge einatmen, indem man die Methode der Vollständigen Atmung anwendet und die eingeatmete Luft, sei sie groß oder klein, auf alle Teile der Lungen verteilt. Aber man sollte mehrmals am Tag, wann immer sich die Gelegenheit bietet, eine Reihe von vollständigen Atemzügen einatmen, um das System in guter Ordnung und Kondition zu halten.

Die folgende einfache Übung wird dir eine klare Vorstellung davon geben, was der Vollständige Atemzug ist:

(1) Stehe oder sitze aufrecht. Atme gleichmäßig durch die Nasenlöcher ein und fülle zuerst den unteren Teil der Lunge, indem du das Zwerchfell ins Spiel bringst, das beim Absenken einen sanften Druck auf die Bauchorgane ausübt und die vorderen Wände des Bauches nach vorne drückt. Dann füllst du den mittleren Teil der Lunge und drückst die unteren Rippen, das Brustbein und den Brustkorb nach außen. Dann füllst du den oberen Teil der Lunge und drückst dabei den oberen Brustkorb nach vorne, wodurch sich der Brustkorb einschließlich der oberen sechs oder sieben Rippenpaare hebt. In der letzten Bewegung wird der untere

Teil des Bauches leicht eingezogen. Diese Bewegung gibt den Lungen eine Stütze und hilft auch, den höchsten Teil der Lungen zu füllen.

Auf den ersten Blick mag es so aussehen, als bestünde dieser Atemzug aus drei verschiedenen Bewegungen. Das ist jedoch nicht die richtige Vorstellung. Die Einatmung ist eine kontinuierliche Bewegung, bei der der gesamte Brustraum vom gesenkten Zwerchfell bis zum höchsten Punkt des Brustkorbs in der Nähe des Schlüsselbeins mit einer gleichmäßigen Bewegung ausgedehnt wird. Vermeide eine ruckartige Abfolge von Einatmungen und bemühe dich um eine gleichmäßige, kontinuierliche Bewegung. Durch Übung wird die Tendenz, die Einatmung in drei Bewegungen aufzuteilen, bald überwunden und es entsteht ein gleichmäßiger, kontinuierlicher Atemzug. Mit ein wenig Übung kannst du die Einatmung in ein paar Sekunden abschließen.

(2) Halte den Atem ein paar Sekunden lang an.

(3) Atme ganz langsam aus, indem du den Brustkorb fest hältst und den Bauch ein wenig einziehst und ihn langsam nach oben hebst, während die Luft die Lungen verlässt. Wenn die Luft vollständig ausgeatmet ist, entspanne den Brustkorb und den Unterleib. Mit ein wenig Übung fällt dieser Teil der Übung leicht, und die einmal erlernte Bewegung wird danach fast automatisch ausgeführt.

Du wirst sehen, dass bei dieser Art zu atmen alle Teile des Atmungsapparats in Aktion treten und alle Teile der Lunge, auch die entferntesten Luftzellen, trainiert werden. Die Brusthöhle wird in alle Richtungen erweitert. Du wirst auch feststellen, dass der vollständige Atemzug eigentlich eine Kombination aus tiefem, mittlerem und hohem Atemzug ist, die in der angegebenen Reihenfolge schnell aufeinander folgen, so dass ein einheitlicher, kontinuierlicher und vollständiger Atemzug entsteht.

Es wird dir eine große Hilfe sein, wenn du diesen Atem vor einem großen Spiegel übst und dabei die Hände leicht auf den Bauch legst, damit du die Bewegungen spürst. Am Ende der Einatmung ist es gut, gelegentlich die Schultern leicht anzuheben, damit das Schlüsselbein angehoben wird und die Luft ungehindert in den kleinen Oberlappen der rechten Lunge strömen kann, der manchmal die Brutstätte der Tuberkulose ist.

Zu Beginn des Übens mag es dir mehr oder weniger schwer fallen, die vollständige Atmung zu erlernen, aber mit ein wenig Übung wird sie dir gelingen, und wenn du sie einmal erlernt hast, wirst du nie wieder zu den alten Methoden zurückkehren wollen.

KAPITEL IX.

PHYSIOLOGISCHE WIRKUNG DES VOLLSTÄNDIGEN ATEMS.

Es kann kaum zu viel über die Vorteile gesagt werden, die die Praxis des vollständigen Atems mit sich bringt. Und doch sollte es für den Schüler, der die vorangegangenen Seiten sorgfältig gelesen hat, kaum nötig sein, ihn auf diese Vorteile hinzuweisen.

Die Praxis des Vollständigen Atems macht jeden Mann und jede Frau immun gegen Schwindsucht und andere Lungenleiden und beseitigt jede Anfälligkeit für Erkältungen sowie bronchiale und ähnliche Schwächen. Schwindsucht ist in erster Linie auf eine verminderte Vitalität zurückzuführen, die durch eine unzureichende Menge an eingeatmeter Luft verursacht wird. Die Beeinträchtigung der Vitalität macht den Organismus anfällig für Angriffe von Krankheitserregern. Durch die unvollkommene Atmung bleibt ein beträchtlicher Teil der Lunge inaktiv, und solche Teile bieten ein einladendes Feld für Bazillen, die in das geschwächte Gewebe eindringen und bald Verwüstung anrichten. Gutes, gesundes Lungengewebe wird den Keimen widerstehen, und die einzige Möglichkeit, ein gutes, gesundes Lungengewebe zu haben, besteht darin, die Lunge richtig zu nutzen.

Schwindsüchtige sind fast alle schmalbrüstig. Was hat das zu bedeuten? Ganz einfach, dass diese Menschen süchtig nach falschen Atemgewohnheiten waren und ihre Brust sich deshalb nicht entwickeln und ausdehnen konnte. Der Mann, der die vollständige Atmung praktiziert, wird einen vollen, breiten Brustkorb haben, und der schmalbrüstige Mann kann seinen Brustkorb zu normalen Proportionen entwickeln, wenn er nur

diese Art der Atmung übernimmt. Solche Menschen
müssen ihre Brusthöhlen entwickeln, wenn sie ihr
Leben schätzen. Erkältungen kann man oft vorbeugen,
indem man ein wenig kräftige vollständige Atmung übt,
wann immer man das Gefühl hat, dass man übermäßig
belastet wird. Wenn Sie erkältet sind, atmen Sie ein
paar Minuten lang kräftig, und Sie werden ein Glühen
im ganzen Körper spüren. Die meisten Erkältungen
können durch vollständiges Atmen und teilweises Fas-
ten für einen Tag geheilt werden.

Die Qualität des Blutes hängt weitgehend von der
richtigen Sauerstoffzufuhr in der Lunge ab, und wenn
es nicht ausreichend mit Sauerstoff versorgt wird, wird
es schlecht und mit allen möglichen Unreinheiten
beladen, und das System leidet unter dem Mangel an
Nährstoffen und wird oft durch die Abfallprodukte, die
unausgeschieden im Blut bleiben, vergiftet. Da der
gesamte Körper, jedes Organ und jeder Teil, auf das
Blut angewiesen ist, um sich zu ernähren, muss sich
unreines Blut ernsthaft auf das gesamte System aus-
wirken. Die Abhilfe ist einfach - praktiziere den vollständigen Yogi-Atem.

Der Magen und andere Ernährungsorgane leiden
sehr unter einer unsachgemässen Atmung. Nicht nur,
dass sie aufgrund des Sauerstoffmangels schlecht
ernährt werden, sondern da die Nahrung Sauerstoff aus
dem Blut aufnehmen und mit Sauerstoff angereichert
werden muss, bevor sie verdaut und assimiliert werden
kann, ist es leicht zu erkennen, wie Verdauung und
Assimilation durch falsche Atmung beeinträchtigt werden. Und wenn die Assimilation nicht normal verläuft,
erhält das System immer weniger Nahrung, der Appetit
lässt nach, die körperliche Vitalität nimmt ab, die Energie schwindet, und der Mensch verkümmert und wird
schwächer. Und das alles wegen des Mangels an richtiger Atmung.

Sogar das Nervensystem leidet unter falscher Atmung, da das Gehirn, das Rückenmark, die Nervenzentren und die Nerven selbst, wenn sie nicht richtig durch das Blut genährt werden, zu schlechten und ineffizienten Instrumenten für die Erzeugung, Speicherung und Übertragung der Nervenströme werden. Und unzureichend genährt werden sie, wenn nicht genügend Sauerstoff durch die Lungen absorbiert wird. Es gibt noch einen anderen Aspekt des Falles, bei dem die Nervenströme selbst oder vielmehr die Kraft, aus der die Nervenströme entspringen, durch den Mangel an richtiger Atmung vermindert werden, aber das gehört zu einer anderen Phase des Themas, die in anderen Kapiteln dieses Buches behandelt wird, und unsere Absicht ist es hier, Ihre Aufmerksamkeit auf die Tatsache zu lenken, dass der Mechanismus des Nervensystems als Instrument zur Übertragung der Nervenkraft als indirekte Folge eines Mangels an richtiger Atmung ineffizient gemacht wird.

Die Auswirkung der Fortpflanzungsorgane auf die allgemeine Gesundheit ist zu gut bekannt, um hier ausführlich erörtert zu werden, aber es sei uns erlaubt zu sagen, dass bei einem geschwächten Zustand der Fortpflanzungsorgane das gesamte System die Reflexwirkung spürt und sympathisch darunter leidet. Der Vollständige Atem erzeugt einen Rhythmus, der der eigene Plan der Natur ist, um diesen wichtigen Teil des Systems in normalem Zustand zu halten, und von Anfang an wird man feststellen, dass die Fortpflanzungsfunktionen gestärkt und vitalisiert werden und so durch die sympathische Reflexwirkung dem ganzen System einen Ton geben. Damit ist nicht gemeint, dass die niederen Geschlechtsimpulse erregt werden, ganz im Gegenteil. Die Yogis sind Verfechter der Enthaltsamkeit und Keuschheit und haben gelernt, die tierischen Leidenschaften zu kontrollieren. Aber sexuelle Kontrolle bedeutet nicht sexuelle Schwäche, und die Lehren der Yogis besagen, dass der Mann oder die Frau, deren

reproduktiver Organismus normal und gesund ist,
einen stärkeren Willen haben wird, mit dem er oder sie
sich selbst kontrollieren kann. Der Yogi glaubt, dass ein
Großteil der Perversion dieses wunderbaren Teils des
Systems aus einem Mangel an normaler Gesundheit
resultiert und eher aus einem krankhaften als aus
einem normalen Zustand dieser Organe. Eine kleine
sorgfältige Betrachtung dieser Frage wird beweisen,
dass die Lehren der Yogis richtig sind. Es ist hier nicht
der Ort, das Thema ausführlich zu erörtern, aber die
Yogis wissen, dass die Sexualenergie erhalten und für
die Entwicklung des Körpers und des Geistes des Einzelnen genutzt werden kann, anstatt in unnatürlichen
Exzessen vergeudet zu werden, wie es bei so vielen
uninformierten Menschen üblich ist. Auf besonderen
Wunsch werden wir in diesem Buch eine der Lieblingsübungen der Yogis für diesen Zweck anführen. Aber
unabhängig davon, ob der Schüler die Yogi-Theorien
der Enthaltsamkeit und des reinen Lebens annehmen
möchte oder nicht, wird er oder sie feststellen, dass der
Vollständige Atem mehr zur Wiederherstellung der
Gesundheit dieses Teils des Systems beitragen wird als
alles andere, was jemals versucht wurde. Denken Sie
daran, dass wir normale Gesundheit meinen, nicht
übermäßige Entwicklung. Der Sinnesfreudige wird feststellen, dass "normal" eher ein Nachlassen des Verlan-
gens als eine Steigerung bedeutet; der geschwächte
Mann oder die geschwächte Frau wird eine Stärkung
und eine Befreiung von der Schwäche erfahren, die ihn
oder sie bisher deprimiert hat. Wir möchten in diesem
Punkt nicht missverstanden oder falsch zitiert werden.
Das Ideal der Yogis ist ein in allen seinen Teilen starker
Körper, der unter der Kontrolle eines meisterhaften und
entwickelten Willens steht und von hohen Idealen
beseelt ist.

Bei der Praxis des Vollständigen Atems zieht sich das
Zwerchfell während des Einatmens zusammen und übt
einen sanften Druck auf Leber, Magen und andere

Organe aus, der in Verbindung mit dem Rhythmus der Lungen wie eine sanfte Massage dieser Organe wirkt und ihre Tätigkeit anregt und ihre normale Funktion fördert. Jede Einatmung unterstützt diese innere Übung und trägt zu einer normalen Zirkulation zu den Ernährungs- und Ausscheidungsorganen bei. Bei hoher oder mittlerer Atmung verlieren die Organe den Nutzen, der sich aus dieser inneren Massage ergibt.

Die westliche Welt schenkt der Körperkultur gerade jetzt viel Aufmerksamkeit, was eine gute Sache ist. Aber in ihrem Enthusiasmus dürfen sie nicht vergessen, dass das Training der äußeren Muskeln nicht alles ist. Auch die inneren Organe brauchen Übung, und der Plan der Natur für diese Übung ist die richtige Atmung. Das Zwerchfell ist das wichtigste Instrument der Natur für diese innere Übung. Seine Bewegung versetzt die wichtigen Organe der Ernährung und Ausscheidung in Schwingung, massiert und knetet sie bei jedem Ein- und Ausatmen, drückt das Blut in sie hinein und presst es dann wieder heraus und verleiht den Organen einen allgemeinen Tonus. Jedes Organ oder jeder Teil des Körpers, der nicht trainiert wird, verkümmert allmählich und weigert sich, richtig zu funktionieren, und der Mangel an innerer Bewegung, der durch die Zwerchfelltätigkeit entsteht, führt zu kranken Organen. Die Vollständige Atmung gibt dem Zwerchfell die richtige Bewegung und trainiert auch den mittleren und oberen Brustkorb. Er ist in seiner Wirkung tatsächlich "vollständig".

Allein vom Standpunkt der westlichen Physiologie aus betrachtet, ohne Bezugnahme auf die orientalischen Philosophien und Wissenschaften, ist dieses Yogi-System der vollständigen Atmung von lebenswichtiger Bedeutung für jeden Mann, jede Frau und jedes Kind, das Gesundheit erlangen und bewahren möchte. Seine Einfachheit hält Tausende davon ab, es ernsthaft in Erwägung zu ziehen, während sie ein Vermögen für die Suche nach Gesundheit durch kompli-

zierte und teure "Systeme" ausgeben. Die Gesundheit
klopft an ihre Tür und sie antworten nicht. Wahrlich,
der Stein, den die Baumeister verwerfen, ist der wahre
Eckstein des Tempels der Gesundheit.

KAPITEL X.

EIN WENIG YOGI LEHRE.

Wir geben im Folgenden drei Formen des Atems an, die bei den Yogis sehr beliebt sind. Die erste ist der bekannte Yogi-Reinigungsatem, dem ein Großteil der großen Lungenausdauer der Yogis zugeschrieben wird. Gewöhnlich beenden sie eine Atemübung mit diesem reinigenden Atem, und wir haben uns in diesem Buch an diesen Plan gehalten. Wir geben auch die Yogi-Nervenbelebungsübung an, die bei ihnen seit Ewigkeiten überliefert ist und die von westlichen Lehrern der Körperkultur nie verbessert wurde, obwohl einige von ihnen sie von Yogalehrern "entliehen" haben. Wir geben auch den Yogi-Gesangsatem an, der weitgehend für die melodiösen, lebendigen Stimmen der besseren Klasse der orientalischen Yogis verantwortlich ist. Wir sind der Meinung, dass dieses Buch für den westlichen Schüler von unschätzbarem Wert wäre, wenn es nicht mehr als diese drei Übungen enthalten würde. Nehmt diese Übungen als ein Geschenk eurer östlichen Brüder und setzt sie in die Praxis um.

DER REINIGENDE ATEM DER YOGIS.

Die Yogis haben eine bevorzugte Form der Atmung, die sie praktizieren, wenn sie das Bedürfnis haben, die Lunge zu belüften und zu reinigen. Sie schließen viele ihrer anderen Atemübungen mit diesem Atem ab, und wir haben diese Praxis in diesem Buch übernommen. Der Reinigungsatem belüftet und reinigt die Lungen, stimuliert die Zellen und gibt den Atmungsorganen einen allgemeinen Tonus, der zu ihrer allgemeinen Gesundheit beiträgt. Außerdem erfrischt er das gesamte System. Redner, Sänger usw. werden diesen Atemzug

besonders erholsam finden, nachdem sie die Atmungsorgane ermüdet haben.

(1) Atme einen vollständigen Atemzug ein.

(2) Halte die Luft ein paar Sekunden an.

(3) Ziehe die Lippen auf, als ob du pfeifen würdest
(aber blähe die Wangen nicht auf), und atme dann ein
wenig Luft durch die Öffnung aus, und zwar mit viel
Kraft. Halte dann einen Moment inne, halte die Luft an
und atme dann ein wenig mehr Luft aus. Wiederhole
den Vorgang, bis die Luft vollständig ausgeatmet ist.
Denke daran, dass du die Luft mit großer Kraft durch
die Lippenöffnung ausatmen musst.

Dieser Atemzug wird als sehr erfrischend empfunden, wenn man müde und allgemein "erschöpft" ist. Ein
Versuch wird den Schüler von seinen Vorzügen überzeugen. Diese Übung sollte so lange geübt werden, bis
sie ganz natürlich und leicht ausgeführt werden kann,
denn sie wird zum Abschluss einer Reihe anderer
Übungen in diesem Buch verwendet und sollte gut verstanden werden.

DER VITALISIERENDE ATEM DES YOGI-NERVS.

Diese Übung ist den Yogis gut bekannt, denn sie gilt
als eines der stärksten Nervenstimulanzien und Kräfti-
gungsmittel, die der Mensch kennt. Ihr Zweck ist es,
das Nervensystem zu stimulieren und Nervenkraft,
Energie und Vitalität zu entwickeln. Diese Übung übt
einen stimulierenden Druck auf wichtige Nervenzentren
aus, die wiederum das gesamte Nervensystem anregen
und energetisieren und einen verstärkten Fluss der
Nervenkraft in alle Teile des Körpers senden.

(1) Stehe aufrecht.

(2) Atme einen vollständigen Atemzug ein und
behalte ihn bei.

(3) Strecke die Arme gerade vor dir aus und lass sie etwas schlaff und entspannt sein, so dass die Nervenkraft gerade ausreicht, um sie zu halten.

(4) Ziehe die Hände langsam zu den Schultern zurück, indem du die Muskeln allmählich zusammenziehst und Kraft in sie steckst, so dass die Fäuste bei Erreichen der Schultern so fest geballt sind, dass eine zittrige Bewegung zu spüren ist.

(5) Dann drückst du die Fäuste mit angespannten Muskeln langsam nach außen und ziehst sie dann mehrmals schnell (immer noch angespannt) zurück.

(6) Atme kraftvoll durch den Mund aus.

(7) Übe den reinigenden Atem.

Die Wirksamkeit dieser Übung hängt stark davon ab, wie schnell du die Fäuste zurückziehst, wie stark du die Muskeln anspannst und natürlich von einer vollen Lunge. Diese Übung muss man ausprobieren, um sie zu verstehen. Sie ist unübertroffen als "Stütze", wie unsere westlichen Freunde es ausdrücken.

DER STIMMLICHE YOGI-ATEM.

Die Yogis haben eine Form der Atmung, um die Stimme zu entwickeln. Sie sind bekannt für ihre wunderbaren Stimmen, die stark, sanft und klar sind und eine wunderbare trompetenartige Tragkraft haben. Sie haben diese besondere Form der Atemübung praktiziert, die dazu geführt hat, dass ihre Stimmen weich, schön und flexibel geworden sind und ihr diese unbeschreibliche, eigentümlich schwebende Qualität in Verbindung mit großer Kraft verliehen haben. Die unten beschriebene Übung wird dem Schüler, der sie gewissenhaft praktiziert, mit der Zeit die oben erwähnten Eigenschaften oder die Yogi-Stimme verleihen. Es versteht sich von selbst, dass diese Form der Atmung nur als gelegentliche Übung und nicht als regelmäßige Form der Atmung verwendet werden soll.

(1) Atme einen vollständigen Atemzug sehr langsam, aber stetig durch die Nasenlöcher ein, wobei du dir beim Einatmen so viel Zeit wie möglich lässt.

(2) Halte die Luft für einige Sekunden an.

(3) Stoße die Luft in einem großen Atemzug kräftig durch den weit geöffneten Mund aus.

(4) Erhole die Lungen mit dem reinigenden Atem.

Ohne auf die Theorien der Yogis über die Klangerzeugung beim Sprechen und Singen näher einzugehen, möchten wir sagen, dass die Erfahrung sie gelehrt hat, dass die Klangfarbe, Qualität und Kraft einer Stimme nicht allein von den Stimmorganen im Hals abhängt, sondern dass die Gesichtsmuskeln usw. viel damit zu tun haben. Manche Männer mit großer Brust erzeugen nur einen schwachen Ton, während andere mit vergleichsweise kleiner Brust Töne von erstaunlicher Stärke und Qualität hervorbringen. Hier ist ein interessantes Experiment, das man ausprobieren sollte: Stellen Sie sich vor ein Glas, ziehen Sie den Mund auf und pfeifen Sie, und achten Sie auf die Form Ihres Mundes und den allgemeinen Ausdruck Ihres Gesichts. Dann singen oder sprechen Sie so, wie Sie es von Natur aus tun, und beobachten Sie den Unterschied. Dann fangen Sie wieder an, einige Sekunden lang zu pfeifen, und dann, ohne die Stellung Ihrer Lippen oder Ihres Gesichts zu verändern, singen Sie ein paar Töne und bemerken Sie, welch ein lebendiger, klangvoller, klarer und schöner Ton dabei entsteht.

KAPITEL XI.

DIE SIEBEN YOGI-ENTWICKLUNGSÜBUNGEN.

Es folgen die sieben Lieblingsübungen der Yogis zur Entwicklung von Lunge, Muskeln, Bändern, Luftzellen usw. Sie sind ganz einfach, aber wunderbar wirksam. Lass dich von der Einfachheit dieser Übungen nicht abschrecken, denn sie sind das Ergebnis sorgfältiger Experimente und Übungen der Yogis und stellen die Essenz zahlreicher komplizierter Übungen dar, wobei das Unwesentliche weggelassen und das Wesentliche beibehalten wurde.

(1) DER ANGEHALTENE ATEM.

Dies ist eine sehr wichtige Übung, die dazu dient, die Atemmuskeln und die Lungen zu stärken und zu entwickeln, und ihre häufige Ausübung wird auch dazu führen, den Brustkorb zu erweitern. Die Yogis haben herausgefunden, dass ein gelegentliches Anhalten des Atems, nachdem die Lungen mit dem Vollständigen Atem gefüllt wurden, sehr wohltuend ist, nicht nur für die Atmungsorgane, sondern auch für die Ernährungsorgane, das Nervensystem und das Blut selbst. Sie haben herausgefunden, dass ein gelegentliches Anhalten des Atems dazu neigt, die Luft, die von früheren Einatmungen in der Lunge verblieben ist, zu reinigen und das Blut vollständiger mit Sauerstoff zu versorgen. Sie wissen auch, dass der so angehaltene Atem alle Abfallstoffe sammelt, und wenn der Atem ausgestoßen wird, trägt er die verbrauchten Stoffe des Systems mit sich und reinigt die Lungen genauso wie ein Abführmittel die Därme. Die Yogis empfehlen diese Übung bei verschiedenen Erkrankungen des Magens, der Leber und des Blutes und stellen außerdem fest, dass sie häufig Mundgeruch lindert, der oft von schlecht belüfteten

Lungen herrührt. Wir empfehlen den Schülern, dieser Übung große Aufmerksamkeit zu schenken, denn sie hat große Vorzüge. Die folgenden Anweisungen werden Ihnen eine klare Vorstellung von der Übung vermitteln:

(1) Stehen Sie aufrecht.

(2) Atme einen vollständigen Atemzug ein.

(3) Halten Sie die Luft so lange an, wie Sie es bequem können.

(4) Atme kräftig durch den offenen Mund aus.

(5) Übe den reinigenden Atem.

Anfangs werden Sie den Atem nur kurze Zeit anhalten können, aber mit ein wenig Übung werden Sie eine große Verbesserung feststellen. Stoppen Sie die Zeit mit einer Uhr, wenn Sie Ihre Fortschritte festhalten wollen.

(2) STIMULATION DER LUNGENZELLEN.

Diese Übung dient dazu, die Luftzellen in der Lunge zu stimulieren, aber Anfänger/innen dürfen es nicht übertreiben und auf keinen Fall zu heftig vorgehen. Manchen wird bei den ersten Versuchen vielleicht etwas schwindelig, dann sollten sie ein bisschen herumlaufen und die Übung eine Weile aussetzen.

(1) Stell dich aufrecht hin, mit den Händen an den Seiten.

(2) Atme ganz langsam und allmählich ein.

(3) Klopfe beim Einatmen sanft mit den Fingerspitzen auf den Brustkorb und wechsle dabei ständig die Position.

(4) Wenn die Lunge gefüllt ist, halte den Atem an und klopfe mit den Handflächen auf die Brust.

(5) Übe den reinigenden Atem.

Diese Übung ist sehr belebend und stimulierend für den ganzen Körper und ist eine bekannte Yogi-Praxis. Viele der Luftzellen der Lunge werden durch unvollständige Atmung inaktiv und verkümmern oft fast. Wer jahrelang unvollkommene Atmung praktiziert hat, wird es nicht so leicht finden, all diese schlecht genutzten Luftzellen durch den Vollständigen Atem auf einmal zur Aktivität anzuregen, aber diese Übung trägt viel zum gewünschten Ergebnis bei und ist es wert, studiert und geübt zu werden.

(3) RIPPENDEHNUNG.

Wir haben erklärt, dass die Rippen durch Knorpel befestigt sind, die sich stark ausdehnen können. Bei der richtigen Atmung spielen die Rippen eine wichtige Rolle und es ist gut, sie ab und zu ein wenig zu trainieren, um ihre Elastizität zu erhalten. Das Stehen oder Sitzen in unnatürlichen Positionen, dem viele Menschen im Westen verfallen sind, führt dazu, dass die Rippen mehr oder weniger steif und unelastisch werden.

(1) Steh aufrecht.

(2) Lege die Hände auf jede Seite des Körpers, so weit oben unter den Achseln wie möglich, die Daumen nach hinten, die Handflächen seitlich auf die Brust und die Finger nach vorne über die Brust.

(3) Atme einen vollständigen Atemzug ein.

(4) Halte die Luft für eine kurze Zeit an.

(5) Drücke dann sanft die Seiten zusammen und atme gleichzeitig langsam aus.

(6) Übe den reinigenden Atem.

Gehe bei dieser Übung maßvoll vor und übertreibe es nicht mit der

(4) BRUSTKORB AUSDEHNEN.

Der Brustkorb kann sich durch das Bücken über die Arbeit usw. stark zusammenziehen. Diese Übung ist sehr gut geeignet, um den natürlichen Zustand wiederherzustellen und den Brustkorb zu erweitern.

(1) Steh aufrecht.

(2) Atme einen vollständigen Atemzug ein.

(3) Halte die Luft an.

(4) Strecke beide Arme nach vorne und bringe die beiden geballten Fäuste auf einer Höhe mit der Schulter zusammen.

(5) Schwinge dann die Fäuste kraftvoll zurück, bis die Arme

gerade seitlich von den Schultern abstehen.

(6) Bringe sie dann wieder in Position 4 und schwinge sie in Position 5.

Wiederhole das mehrmals.

(7) Atme kräftig durch den geöffneten Mund aus.

(8) Übe den reinigenden Atem.

Gehe maßvoll vor und übertreibe es nicht mit dieser Übung.

(5) GEHÜBUNG.

(1) Gehe mit erhobenem Kopf, leicht eingezogenem Kinn, Schultern zurück und mit gemessenem Schritt.

(2) Atme einen vollständigen Atemzug ein und zähle (im Geiste) 1, 2, 3, 4, 5, 6, 7, 8, eine Zählung zu jedem Schritt, wobei du die Einatmung über die acht Zählungen ausdehnst.

(3) Atme langsam durch die Nasenlöcher aus und zähle dabei wie zuvor - 1, 2, 3, 4, 5, 6, 7, 8 - eine Zählung pro Schritt.

(4) Mach eine Pause zwischen den Atemzügen, gehe weiter und zähle,

1, 2, 3, 4, 5, 8, 7, 8, eine Zählung für einen Schritt.

(5) Wiederhole das, bis du dich müde fühlst. Dann ruhe eine Weile

eine Weile aus und mach dann nach Belieben weiter. Wiederhole die Übung mehrmals am Tag.

Manche Yogis variieren diese Übung, indem sie den Atem während einer 1, 2, 3, 4, Zählung anhalten und dann in einer achtstufigen Zählung ausatmen. Praktiziere den Plan, der dir am angenehmsten erscheint.

(6) MORGENÜBUNG.

(1) Stehe aufrecht in einer militärischen Haltung, Kopf nach oben, Augen nach vorne, Schultern nach hinten, Knie steif, Hände an den Seiten.

(2) Hebe den Körper langsam auf die Zehenspitzen und atme dabei einen vollständigen Atemzug ein,

gleichmäßig und langsam ein.

(3) Halte den Atem ein paar Sekunden lang an und bleibe

gleiche Position.

(4) Sinke langsam in die Ausgangsposition zurück und atme dabei langsam die Luft durch die Nasenlöcher aus.

(5) Übe den reinigenden Atem.

(6) Wiederhole die Übung mehrmals, indem du zuerst nur das rechte und dann nur das linke Bein benutzt.

(7) KREISLAUF ANREGEN.

(1) Stehe aufrecht.

(2) Atme einen vollständigen Atemzug ein und halte ihn an.

(3) Beuge dich leicht nach vorne und greife einen Stock oder eine Stange, wobei du allmählich deine ganze Kraft auf den Griff ausübst.

(4) Entspanne den Griff, kehre in die Ausgangsposition zurück und atme langsam aus.

(5) Wiederhole die Übung mehrmals.

(6) Beende die Übung mit dem reinigenden Atem.

Diese Übung kann auch ohne Stock durchgeführt werden, indem du einen imaginären Stock greifst und mit deinem Willen Druck ausübst. Die Übung ist ein beliebtes Mittel der Yogis, um den Kreislauf anzuregen, indem sie das arterielle Blut in die Extremitäten treiben und das venöse Blut zum Herzen und zur Lunge zurückziehen, damit es den mit der Luft eingeatmeten Sauerstoff aufnehmen kann. Bei einer schlechten Durchblutung befindet sich nicht genug Blut in den Lungen, um die erhöhte Menge an eingeatmetem Sauerstoff aufzunehmen, und das System profitiert nicht in vollem Umfang von der verbesserten Atmung.

Gerade in solchen Fällen ist es gut, diese Übung gelegentlich zusammen mit der regelmäßigen Übung "Vollständige Atmung" durchzuführen.

KAPITEL XII.

SIEBEN KLEINERE YOGI-ÜBUNGEN.

Dieses Kapitel besteht aus sieben kleineren Yogi-Ate-
mübungen, die keine besonderen Namen tragen, sondern sich von den anderen unterscheiden und jeweils
einen anderen Zweck verfolgen. Jede/r Schüler/in wird
mehrere dieser Übungen finden, die am besten zu den
speziellen Anforderungen seines/ihres Falles passen.
Obwohl wir diese Übungen als "kleine Übungen"
bezeichnet haben, sind sie sehr wertvoll und nützlich,
sonst würden sie nicht in diesem Buch erscheinen. Sie
geben einen komprimierten Kurs in "Körperkultur" und
"Lungenentwicklung" und könnten ohne weiteres zu
einem kleinen Buch über diese Themen ausgebaut werden. Sie haben natürlich einen zusätzlichen Wert, da
die Yogi-Atmung ein Teil jeder Übung ist. Überfliege sie
nicht, nur weil sie als "unwichtig" gekennzeichnet sind.
Eine oder mehrere dieser Übungen könnten genau das
sein, was du brauchst. Probiere sie aus und entscheide
selbst.

ÜBUNG I.

(1) Stell dich aufrecht hin, die Hände an den Seiten.

(2) Atme vollständig ein.

(3) Hebe die Arme langsam an und halte sie dabei
starr, bis sich die Hände über dem Kopf berühren.

(4) Halte den Atem einige Minuten mit den Händen
über dem Kopf an.

(5) Senke die Hände langsam zu den Seiten und atme
dabei langsam aus.

(6) Übe den reinigenden Atem.

ÜBUNG II.

(1) Stelle dich aufrecht hin, mit gestreckten Armen vor dir.

(2) Atme vollständig ein und halte den Atem an.

(3) Schwinge die Arme so weit wie möglich nach hinten, dann zurück in die Ausgangsposition und wiederhole die Übung mehrmals, wobei du den Atem immer wieder zurückholst.

(4) Atme kraftvoll durch den Mund aus.

(5) Übe den reinigenden Atem.

ÜBUNG III.

(1) Stelle dich aufrecht hin und strecke die Arme vor dir aus,

(2) Atme den vollständigen Atem ein.

(3) Schwinge die Arme ein paar Mal im Kreis nach hinten. Dann ein paar Mal rückwärts, wobei du die ganze Zeit den Atem anhältst. Du kannst dies variieren, indem du sie abwechselnd wie die Segel einer Windmühle drehst.

(4) Atme den Atem kraftvoll durch den Mund aus.

(5) Übe den reinigenden Atem.

ÜBUNG IV.

(1) Lege dich mit dem Gesicht nach unten auf den Boden und lege die Handflächen seitlich flach auf den Boden.

(2) Atme den vollständigen Atem ein und halte ihn fest.

(3) Versteife deinen Körper und richte dich mit der Kraft deiner Arme auf, bis du auf deinen Händen und Zehen ruhst.

(4) Senke dich dann in die Ausgangsposition. Wiederhole die Übung mehrmals.

(5) Atme kraftvoll durch den Mund aus.

(6) Übe den reinigenden Atem.

ÜBUNG V.

(1) Stelle dich aufrecht hin und lege deine Handflächen an die Wand.

(2) Atme den vollständigen Atem ein und halte ihn fest.

(3) Senke den Brustkorb zur Wand und stütze dein Gewicht auf deine Hände.

(4) Hebe dich dann allein mit den Armmuskeln zurück, wobei du den Körper steif hältst.

(5) Atme kraftvoll durch den Mund aus.

(6) Übe den reinigenden Atem.

ÜBUNG VI.

(1) Stelle dich aufrecht hin, mit den Armen "akimbo", d.h. die Hände liegen um die Taille und die Ellbogen sind ausgestreckt.

(2) Atme den vollständigen Atem ein und halte ihn fest.

(3) Halte Beine und Hüften steif und beuge dich weit nach vorne, als ob du dich verbeugen würdest, während du gleichzeitig langsam ausatmest.

(4) Kehre in die erste Position zurück und nimm einen weiteren vollständigen Atemzug.

(5) Beuge dich dann nach hinten und atme langsam aus.

(6) Kehre in die erste Position zurück und nimm einen vollständigen Atemzug.

(7) Beuge dich dann seitwärts und atme langsam aus. (Variiere, indem du dich nach rechts und dann nach links beugst.)

(8) Übe den reinigenden Atem.

ÜBUNG VII.

(1) Stehe aufrecht oder sitze aufrecht mit gerader Wirbelsäule.

(2) Atme einen vollständigen Atemzug ein, aber anstatt in einem kontinuierlichen, gleichmäßigen Strom einzuatmen, nimm eine Reihe von kurzen, schnellen "Schnüffelzügen", als ob du an aromatischen Salzen oder Ammoniak riechen würdest und nicht zu stark "schnuppern" möchtest. Atme keinen dieser kleinen Atemzüge aus, sondern füge einen nach dem anderen hinzu, bis der gesamte Lungenraum gefüllt ist.

(3) Halte die Luft ein paar Sekunden lang an.

(4) Atme durch die Nasenlöcher in einem langen, ruhigen, seufzenden Atemzug aus.

(5) Übe den reinigenden Atem.

KAPITEL XIII.

SCHWINGUNG UND RHYTHMISCHE YOGI-ATMUNG

Alles ist in Schwingung. Vom kleinsten Atom bis zur größten Sonne befindet sich alles in einem Zustand der Schwingung. In der Natur gibt es nichts, was absolut ruht. Ein einziges Atom ohne Schwingung würde das Universum zerstören. In unaufhörlicher Vibration wird das universelle Werk vollbracht. Die Energie spielt ständig mit der Materie, und es entstehen zahllose Formen und unzählige Varianten, doch selbst diese Formen und Varianten sind nicht von Dauer. Sie beginnen sich in dem Augenblick zu verändern, in dem sie geschaffen werden, und aus ihnen entstehen unzählige Formen, die sich wiederum verändern und neue Formen hervorbringen, und so weiter und so fort, in unendlicher Folge. Nichts ist in der Welt der Formen von Dauer, und doch ist die große Wirklichkeit unveränderlich. Formen sind nur Erscheinungen - sie kommen und gehen, aber die Wirklichkeit ist ewig und unveränderlich.

Die Atome des menschlichen Körpers sind in ständiger Schwingung. Es finden unaufhörlich Veränderungen statt. In wenigen Monaten verändert sich die Materie, aus der der Körper besteht, fast vollständig, und kaum ein einziges Atom, aus dem euer Körper jetzt besteht, wird in einigen Monaten noch darin zu finden sein. Vibration, ständige Vibration. Veränderung, ständige Veränderung.

In allen Schwingungen ist ein gewisser Rhythmus zu finden. Der Rhythmus durchdringt das Universum. Das Schwingen der Planeten um die Sonne, das Steigen und Fallen des Meeres, das Schlagen des Herzens, die Ebbe und Flut der Gezeiten - sie alle folgen rhythmischen Gesetzen. Die Strahlen der Sonne erreichen uns, der Regen fällt auf uns herab, alles nach demselben Gesetz.

Alles Wachstum ist nur ein Ausdruck dieses Gesetzes. Alle Bewegung ist eine Manifestation des Gesetzes des Rhythmus.

Unser Körper unterliegt ebenso den Gesetzen des Rhythmus wie der Planet bei seinem Umlauf um die Sonne. Ein großer Teil der esoterischen Seite der Yogi-Wissenschaft des Atems basiert auf diesem bekannten Naturprinzip. Indem er sich in den Rhythmus des Körpers einfügt, gelingt es dem Yogi, eine große Menge Prana aufzunehmen, die er so einsetzt, dass die von ihm gewünschten Ergebnisse erzielt werden. Wir werden später noch ausführlicher darüber sprechen.

Der Körper, den du bewohnst, ist wie ein kleiner Meeresarm, der vom Meer her in das Land fließt. Obwohl er scheinbar nur seinen eigenen Gesetzen unterworfen ist, unterliegt er in Wirklichkeit den Ebbe und Flut der Gezeiten des Ozeans. Das große Meer des Lebens schwillt an und zieht sich zurück, steigt und fällt, und wir reagieren auf seine Schwingungen und seinen Rhythmus. In einem normalen Zustand empfangen wir die Schwingungen und den Rhythmus des großen Ozeans des Lebens und reagieren darauf, aber manchmal scheint die Mündung des Einlasses mit Trümmern verstopft zu sein, und wir können den Impuls von Mutter Ozean nicht empfangen, und Unharmonie manifestiert sich in uns.

Ihr habt gehört, wie ein Ton auf einer Geige, wenn er wiederholt und im Rhythmus gespielt wird, Schwingungen in Gang setzt, die mit der Zeit eine Brücke zerstören. Dasselbe Ergebnis tritt ein, wenn ein Regiment von Soldaten eine Brücke überquert, wobei immer der Befehl gegeben wird, den Schritt zu unterbrechen", damit die Schwingungen nicht sowohl die Brücke als auch das Regiment zum Einsturz bringen. Diese Manifestationen der Wirkung von rhythmischer Bewegung geben eine Vorstellung von der Wirkung rhythmischer Atmung auf den Körper. Das ganze System fängt die

Schwingung auf und wird in Harmonie mit dem Willen gebracht, der die rhythmische Bewegung der Lungen verursacht, und solange es sich in dieser völligen Harmonie befindet, wird es bereitwillig auf die Befehle des Willens reagieren. Wenn der Körper so eingestimmt ist, findet der Yogi keine Schwierigkeiten, die Zirkulation in jedem Teil des Körpers durch einen Befehl des Willens zu erhöhen, und auf die gleiche Weise kann er einen erhöhten Strom von Nervenkraft zu jedem Teil oder Organ leiten, um es zu stärken und zu stimulieren.

Auf die gleiche Weise kann der Yogi durch rhythmisches Atmen sozusagen "den Schwung einfangen" und eine stark erhöhte Menge an Prana aufnehmen und kontrollieren, die dann seinem Willen zur Verfügung steht. Er kann und benutzt es als Vehikel, um Gedanken an andere zu senden und all jene zu sich zu ziehen, deren Gedanken in der gleichen Schwingung sind. Die Phänomene der Telepathie, der Gedankenübertragung, der geistigen Heilung, des Mesmerismus usw., die derzeit in der westlichen Welt auf großes Interesse stoßen, den Yogis aber schon seit Jahrhunderten bekannt sind, können erheblich gesteigert werden, wenn die Person, die die Gedanken aussendet, dies nach der rhythmischen Atmung tut. Rhythmisches Atmen wird den Wert der geistigen Heilung, der magnetischen Heilung usw. um mehrere hundert Prozent erhöhen.

Beim rhythmischen Atmen muss man sich vor allem die geistige Vorstellung vom Rhythmus aneignen. Denjenigen, die etwas von Musik verstehen, ist die Idee des gemessenen Zählens vertraut. Für andere ist es der rhythmische Schritt eines Soldaten: "Links, rechts; links, rechts; links, rechts; eins, zwei, drei, vier; eins, zwei, drei, vier", wird die Idee vermitteln.

Der Yogi stützt seine rhythmische Zeit auf eine Einheit, die dem Schlag seines Herzens entspricht. Der Herzschlag variiert bei verschiedenen Personen, aber die Einheit des Herzschlags jeder Person ist der richtige rhythmische Standard für diese bestimmte Person in ihrer rhythmischen Atmung. Stelle deinen normalen Herzschlag fest, indem du deine Finger auf Ihren Puls legst und dann zählst: "1, 2, 3, 4, 5, 6; 1, 2, 3, 4, 5, 6" usw., bis sich der Rhythmus in deinem Kopf festgesetzt hat. Mit ein wenig Übung wird der Rhythmus so fest, dass du ihn leicht reproduzieren kannst. Der Anfänger atmet in der Regel in etwa sechs Pulseinheiten ein, aber er kann diese Zahl durch Übung stark erhöhen.

Die Yogi-Regel für die rhythmische Atmung besagt, dass die Einheiten für die Ein- und Ausatmung gleich sein sollten, während die Einheiten für die Verweilzeit und zwischen den Atemzügen halb so groß sein sollten wie die für die Ein- und Ausatmung.

Die folgende Übung zur Rhythmischen Atmung sollte gründlich beherrscht werden, da sie die Grundlage für zahlreiche andere Übungen bildet, auf die später noch eingegangen wird.

(1) Setze dich in einer aufrechten, leichten Haltung hin und achte darauf, dass Brustkorb, Nacken und Kopf möglichst in einer geraden Linie liegen, die Schultern leicht zurückgeworfen sind und die Hände leicht auf dem Schoß ruhen. In dieser Haltung wird das Gewicht des Körpers größtenteils von den Rippen getragen und die Position kann leicht gehalten werden. Der Yogi hat festgestellt, dass man die beste Wirkung der rhythmischen Atmung nicht erzielen kann, wenn der Brustkorb eingezogen ist und der Bauch vorsteht.

(2) Atme langsam einen vollständigen Atemzug ein und zähle dabei sechs Pulseinheiten.

(3) Halte den Atem an und zähle dabei drei Pulseinheiten.

(4) Atme langsam durch die Nasenlöcher aus und zähle dabei sechs Pulsschläge.

(5) Zähle drei Pulsschläge zwischen den Atemzügen.

(6) Wiederhole die Übung einige Male, aber vermeide, dass du dich am Anfang überanstrengst.

(7) Wenn du bereit bist, die Übung zu beenden, übe den reinigenden Atem, der dich zur Ruhe bringt und die Lungen reinigt.

Nach ein wenig Übung kannst du die Dauer der Ein- und Ausatmungen erhöhen, bis etwa fünfzehn Pulseinheiten verbraucht sind. Denke bei dieser Steigerung daran, dass die Einheiten für das Halten und zwischen den Atemzügen die Hälfte der Einheiten für das Ein- und Ausatmen betragen.

Übertreibe es nicht, wenn du dich bemühst, die Dauer des Atems zu erhöhen, sondern achte so gut wie möglich darauf, den "Rhythmus" zu erlernen, denn das ist wichtiger als die Länge des Atems. Übe und versuche es so lange, bis du den richtigen "Schwung" in der Bewegung hast und den Rhythmus der Schwingungsbewegung fast im ganzen Körper "spürst". Es wird ein wenig Übung und Ausdauer erfordern, aber deine Freude über deine Fortschritte wird dir die Aufgabe leicht machen. Der Yogi ist ein sehr geduldiger und ausdauernder Mensch, und seine großen Errungenschaften sind größtenteils auf diese Eigenschaften zurückzuführen.

KAPITEL XIV.

PHÄNOMENE DER PSYCHISCHEN ATMUNG DES YOGI.

Mit Ausnahme der Anweisungen in der Yogi-Rhythmusatmung beziehen sich die meisten Übungen in diesem Buch auf die physische Ebene der Anstrengung, die zwar an sich sehr wichtig ist, von den Yogis aber auch als wesentliche Grundlage für die Anstrengungen auf der psychischen und spirituellen Ebene angesehen wird. Vernachlässige jedoch nicht die physische Phase des Themas, denn denke daran, dass ein gesunder Körper notwendig ist, um einen gesunden Geist zu unterstützen, und dass der Körper der Tempel des Egos ist, in dem das Licht des Geistes brennt. Alles ist gut, wenn es an seinem Platz ist, und alles hat seinen Platz. Der entwickelte Mensch ist der "Allrounder", der Körper, Geist und Seele anerkennt und jedem das Seine zukommen lässt. Die Vernachlässigung eines dieser Elemente ist ein Fehler, der früher oder später korrigiert werden muss; eine Schuld, die mit Zinsen zurückgezahlt werden muss.

Wir werden nun die psychische Phase der Yogi-Wissenschaft des Atems in Form einer Reihe von Übungen aufgreifen, wobei jede Übung mit einer Erklärung versehen ist.

Du wirst feststellen, dass bei jeder Übung das rhythmische Atmen mit der Anweisung verbunden ist, den Gedanken an bestimmte gewünschte Ergebnisse zu "tragen". Diese mentale Einstellung gibt dem Willen eine klare Spur, auf der er seine Kraft ausüben kann. Wir können in dieser Arbeit nicht auf die Macht des Willens eingehen und müssen davon ausgehen, dass du dich mit diesem Thema auskennst. Wenn du mit dem Thema nicht vertraut bist, wirst du feststellen, dass die tatsächliche Praxis der Übungen selbst dir ein viel klareres Wissen vermittelt als jede noch so große theoretische Unterweisung, denn wie ein altes Hindu-Sprichwort sagt: "Wer ein Senfkorn schmeckt, weiß mehr über seinen Geschmack als derjenige, der eine Elefantenladung davon sieht."

(1) ALLGEMEINE ANWEISUNGEN FÜR DIE PSYCHISCHE YOGIE-ATMUNG.

Die Grundlage der psychischen Yogi-Atmung ist der rhythmische Yogi-Atem, den wir im letzten Kapitel beschrieben haben. Um unnötige Wiederholungen zu vermeiden, werden wir in den folgenden Übungen nur sagen: "Atme rhythmisch", und dann die Anleitung für die Ausübung der psychischen Kraft oder der gerichteten Willenskraft geben, die in Verbindung mit den rhythmischen Atemschwingungen arbeitet. Nach ein wenig Übung wirst du feststellen, dass du nach dem ersten rhythmischen Atemzug nicht mehr zählen musst, da der Geist die Idee von Zeit und Rhythmus erfasst und du in der Lage sein wirst, nach Belieben und fast automatisch rhythmisch zu atmen. Dadurch wird der Geist frei für das Aussenden der psychischen Schwingungen unter der Leitung des Willens. (Wie du den Willen einsetzt, erfährst du in der folgenden ersten Übung).

(2) PRANA-VERTEILUNG.

Lege dich ganz entspannt auf den Boden oder das Bett und lege die Hände leicht auf den Solarplexus (über der Magengrube, wo die Rippen beginnen, sich zu trennen). Wenn du den Rhythmus gefunden hast, sorge dafür, dass mit jedem Einatmen mehr Prana oder Lebensenergie aus der universellen Versorgung angesaugt wird, die vom Nervensystem aufgenommen und im Sonnengeflecht gespeichert wird. Bei jeder Ausat-

mung soll sich das Prana oder die Lebensenergie im
ganzen Körper verteilen, in jedem Organ und jedem
Körperteil, in jedem Muskel, jeder Zelle und jedem
Atom, in jedem Nerv, jeder Arterie und jeder Vene, vom
Scheitel bis zu den Fußsohlen, um jeden Nerv zu beleben, zu stärken und zu stimulieren, jedes Nervenzen-
trum aufzuladen und Energie, Kraft und Stärke in das
ganze System zu senden. Während du deinen Willen
trainierst, versuche dir vorzustellen, wie das einströ-
mende Prana durch die Lungen einströmt und sofort
vom Solarplexus aufgenommen wird, um dann beim
Ausatmen in alle Teile des Körpers, bis hinunter zu den
Fingerspitzen und den Zehen, weitergeleitet zu werden.
Es ist nicht notwendig, den Willen mit einer Anstrengung einzusetzen. Es reicht aus, wenn du das, was du
erreichen willst, befiehlst und dir dann ein geistiges
Bild davon machst. Ein ruhiger Befehl mit einem geistigen Bild ist viel besser als ein gewaltsamer Wille, der
nur unnötig Kraft vergeudet. Die oben beschriebene
Übung ist sehr hilfreich, erfrischt und stärkt das Nervensystem und erzeugt ein erholsames Gefühl im ganzen Körper. Sie ist besonders hilfreich, wenn man müde
ist oder einen Mangel an Energie verspürt.

(3) SCHMERZHEMMUNG.

Im Liegen oder aufrechten Sitzen atmest du rhythmisch ein und hältst dabei den Gedanken fest, dass du
Prana einatmest. Wenn du dann ausatmest, schickst
du das Prana zu der schmerzenden Stelle, um den
Kreislauf und den Nervenstrom wiederherzustellen.
Dann atme mehr Prana ein, um den Schmerz zu vertreiben, und atme mit dem Gedanken aus, dass du den
Schmerz vertreibst. Wechsle die beiden oben genannten
mentalen Befehle ab und stimuliere mit einer Ausatmung die Stelle und vertreibe mit der nächsten den
Schmerz. Halte dies sieben Atemzüge lang durch, übe
dann den Reinigungsatem und ruhe dich eine Weile

aus. Versuche es dann noch einmal, bis du eine Erleichterung verspürst, und das wird nicht lange dauern. Viele Schmerzen werden gelindert sein, bevor die sieben Atemzüge beendet sind. Wenn du die Hand auf die schmerzende Stelle legst, kannst du schneller Erfolge erzielen. Schicke den Pranastrom den Arm hinunter und in die schmerzende Stelle.

(4) LENKEN DES KREISLAUFS.

Im Liegen oder aufrecht sitzend atmest du rhythmisch ein und lenkst mit den Ausatmungen den Kreislauf zu jeder beliebigen Stelle, die unter einer mangelhaften Durchblutung leidet. In beiden Fällen wird das Blut nach unten geleitet, was im ersten Fall die Füße wärmt und im zweiten Fall das Gehirn von zu großem Druck befreit. Bei Kopfschmerzen versuchst du es zuerst mit der Schmerzhemmung und schickst dann das Blut nach unten. Du wirst oft ein warmes Gefühl in den Beinen spüren, wenn der Kreislauf nach unten fließt. Der Kreislauf unterliegt weitgehend der Kontrolle des Willens und das rhythmische Atmen macht die Aufgabe leichter.

(5) SELBSTHEILUNG.

Liege in einem entspannten Zustand, atme rhythmisch und befehle, dass ein guter Vorrat an Prana eingeatmet wird. Mit der Ausatmung schickst du das Prana zu der betroffenen Stelle, um sie zu stimulieren. Variiere dies gelegentlich mit dem Ausatmen, mit dem mentalen Befehl, dass der kranke Zustand verdrängt werden und verschwinden soll. Benutze bei dieser Übung die Hände, indem du sie vom Kopf bis zur betroffenen Stelle am Körper hinunterbewegst. Wenn du die Hände benutzt, um dich selbst oder andere zu heilen, halte dir immer die Vorstellung vor Augen, dass das Prana den Arm hinunter und durch die Fingerspitzen in den Körper fließt und so den betroffenen Teil erreicht und ihn heilt. Natürlich können wir in diesem Buch nur allgemeine Anweisungen geben, ohne auf die verschiedenen Krankheitsformen im Detail einzugehen, aber ein wenig Übung mit der obigen Übung, die je nach Fall leicht variiert wird, wird wunderbare Ergebnisse bringen. Einige Yogis folgen dem Plan, beide Hände auf den betroffenen Teil zu legen und dann rhythmisch zu atmen, wobei sie sich vorstellen, dass sie Prana in das kranke Organ und den kranken Teil pumpen, um es zu stimulieren und kranke Zustände zu vertreiben, so wie das Pumpen in einen Eimer mit schmutzigem Wasser letzteres austreibt und den Eimer mit frischem Wasser füllt. Dieser letzte Plan ist sehr effektiv, wenn du dir das Bild der Pumpe vor Augen hältst, wobei das Einatmen das Anheben des Pumpengriffs und das Ausatmen das eigentliche Pumpen darstellt.

(6) ANDERE HEILEN.

Wir können in diesem Buch nicht im Detail auf die psychische Behandlung von Krankheiten durch Prana eingehen, denn das würde den Zweck dieses Buches verfehlen. Aber wir können und werden dir einfache und verständliche Anleitungen geben, die es dir ermöglichen, anderen Menschen zu helfen. Das wichtigste Prinzip, das du dir merken musst, ist, dass du durch rhythmisches Atmen und kontrollierte Gedanken eine beträchtliche Menge an Prana aufnehmen und in den Körper einer anderen Person leiten kannst, um geschwächte Teile und Organe zu stimulieren, Gesundheit zu verleihen und Krankheiten zu vertreiben. Du musst zuerst lernen, dir ein so klares geistiges Bild von dem gewünschten Zustand zu machen, dass du in der Lage bist, das Einströmen von Prana und die Kraft, die über deine Arme und Fingerspitzen in den Körper des Patienten fließt, tatsächlich zu spüren. Atme ein paar Mal rhythmisch, bis der Rhythmus einigermaßen sitzt, und lege dann deine Bänder auf den betroffenen Körperteil des Patienten, wobei du sie leicht über dem Teil ruhen lässt. Befolge dann den "Pumpvorgang", der in der vorangegangenen Übung (Selbstheilung) beschrieben wurde, und fülle den Patienten mit Prana, bis die Krankheit vertrieben ist. Hebe ab und zu die Hände und "schnippe" mit den Fingern, als würdest du das kranke Leiden vertreiben. Es ist ratsam, dies gelegentlich zu tun und sich nach der Behandlung die Hände zu waschen, da du sonst eine Spur der Krankheit des Patienten aufnimmst. Übe auch mehrmals nach der Behandlung den reinigenden Atem. Während der Behandlung lässt du das Prana in einem kontinuierlichen Strom in den Patienten einströmen, indem du dich selbst nur als Pumpmaschine betrachtest, die den Patienten mit der universellen Prana-Versorgung verbindet, und ihm erlaubst, frei durch dich zu fließen. Du brauchst die Hände nicht kräftig zu bewegen, sondern nur so viel, dass das Prana die betroffenen Stellen ungehindert erreicht. Die rhythmische Atmung muss während der Behandlung häufig geübt werden, damit der Rhythmus normal bleibt und das Prana frei fließen kann. Es ist besser, die Hände auf die nackte Haut zu legen, aber wo das nicht ratsam oder möglich ist, legst du sie über die Kleidung. Variiere die oben beschriebene Methode gelegentlich während der Behandlung, indem du mit den Fingerspitzen sanft über den Körper streichst, wobei du die Finger leicht auseinander hältst. Das ist sehr beruhigend für den Patienten. Bei längerem Stehen kann es hilfreich sein, das mentale Kommando in Form von Worten zu geben, z. B. "Geh raus, geh raus" oder "Sei stark, sei stark", denn diese Worte helfen dir, den Willen stärker und zielgerichteter einzusetzen. Variiere diese Anweisungen je nach Bedarf und nutze dein eigenes Urteilsvermögen und deinen Erfindungsreichtum. Wir haben dir die allgemeinen Grundsätze gegeben und du kannst sie auf Hunderte von verschiedenen Arten anwenden. Wenn du diese scheinbar

einfachen Anweisungen sorgfältig studierst und anwen-
dest, kannst du alles erreichen, was die führenden
"Magnetheiler" können, obwohl ihre "Systeme" mehr
oder weniger schwerfällig und kompliziert sind. Sie
benutzen Prana unwissend und nennen es "Magnetismus". Wenn sie die rhythmische Atmung mit ihrer
"magnetischen" Behandlung kombinieren würden,
könnten sie ihre Effizienz verdoppeln.

(7) FERNHEILUNG.

Prana, das durch die Gedanken des Absenders
gefärbt ist, kann zu Personen in der Ferne projiziert
werden, die bereit sind, es zu empfangen, und auf diese
Weise Heilungsarbeit leisten. Dies ist das Geheimnis
der "abwesenden Heilung", von der die westliche Welt in
den letzten Jahren so viel gehört hat. Der Gedanke des
Heilers sendet das Prana des Absenders aus und färbt
es, so dass es durch den Raum fliegt und in den psychischen Mechanismen des Patienten Platz findet. Es ist
unsichtbar und wie die Marconi-Wellen durchdringt es
die dazwischenliegenden Hindernisse und sucht die
Person, die darauf eingestimmt ist, es zu empfangen.
Um Menschen aus der Ferne zu behandeln, musst du
dir ein geistiges Bild von ihnen machen, bis du das
Gefühl hast, mit ihnen in Kontakt zu sein. Dies ist ein
psychischer Prozess, der von der mentalen Vorstellung
des Heilers/der Heilerin abhängt. Wenn die Verbindung
hergestellt ist, kannst du sie spüren, denn sie manifestiert sich in einem Gefühl der Nähe. Einfacher können
wir es nicht beschreiben. Man kann es mit ein wenig
Übung erlernen, und manche schaffen es gleich beim
ersten Versuch. Wenn der Kontakt hergestellt ist, sagst
du im Geiste zu dem entfernten Patienten: "Ich sende
dir einen Vorrat an Lebenskraft, der dich beleben und
heilen wird. Stell dir dann vor, wie das Prana mit jedem
Ausatmen deinen Geist verlässt und sich sofort durch
den Raum bewegt, um den Patienten zu erreichen und

zu heilen. Es ist nicht notwendig, bestimmte Zeiten für die Behandlung festzulegen, obwohl du das tun kannst, wenn du möchtest. Der empfängliche Zustand des Patienten, in dem er deine psychische Kraft erwartet und sich ihr öffnet, stimmt ihn darauf ein, deine Schwingungen zu empfangen, wann immer du sie sendest. Wenn ihr euch auf Stunden einigt, soll er sich in eine entspannte Haltung und einen aufnahmebereiten Zustand versetzen. Das ist das große Grundprinzip der "Abwesenheitsbehandlung" in der westlichen Welt. Mit ein wenig Übung kannst du diese Dinge genauso gut tun wie die bekanntesten Heiler.

KAPITEL XV.

WEITERE PHÄNOMENE DES PSYCHISCHEN YOGI-ATEMS.

(1) GEDANKENPROJEKTION.

Gedanken können mit der zuletzt erwähnten Methode (Fernheilung) projiziert werden und andere werden die Wirkung der so ausgesandten Gedanken spüren, wobei immer daran gedacht werden muss, dass kein böser Gedanke jemals eine andere Person verletzen kann, deren Gedanken gut sind. Gute Gedanken wirken immer positiv auf schlechte Gedanken und schlechte Gedanken immer negativ auf gute Gedanken. Man kann jedoch das Interesse und die Aufmerksamkeit eines anderen erregen, indem man ihm auf diese Weise Gedankenwellen sendet und das Prana mit der Botschaft auflädt, die man übermitteln möchte. Wenn du dir die Liebe und Sympathie eines anderen wünschst und Liebe und Sympathie für ihn empfindest, kannst du ihm solche Gedanken schicken, sofern deine Motive rein sind. Versuche jedoch nie, einen anderen zu seinem Schaden oder aus unreinen oder egoistischen Motiven heraus zu beeinflussen, denn solche Gedanken prallen nur mit verdoppelter Kraft auf den Absender zurück und verletzen ihn, während die unschuldige Partei nicht betroffen ist. Psychische Kraft ist in Ordnung, wenn sie rechtmäßig eingesetzt wird, aber hüte dich vor "schwarzer Magie" oder unsachgemäßem und unheiligem Gebrauch, denn solche Versuche sind wie ein Spiel mit einem Dynamo, und derjenige, der so etwas versucht, wird mit Sicherheit durch das Ergebnis der Tat selbst bestraft. Kein Mensch mit unreinen Motiven erlangt jedoch jemals ein hohes Maß an übersinnli-

cher Kraft, und ein reines Herz und ein reiner Geist
sind ein unverwundbarer Schutzschild gegen unange-
messene übersinnliche Kraft. Wenn du dich rein hältst,
kann dich nichts verletzen.

(2) BILDUNG EINER AURA.

Wenn du dich in der Gesellschaft von Menschen mit
niedriger Geisteshaltung befindest und den bedrücken-
den Einfluss ihrer Gedanken spürst, atme ein paar Mal
rhythmisch, um einen zusätzlichen Vorrat an Prana zu
erzeugen, und umgebe dich dann mit Hilfe der mentalen Bildmethode mit einer eiförmigen Gedankenaura,
die dich vor den groben Gedanken und störenden Ein-
flüssen anderer schützt.

(3) DICH AUFLADEN.

Wenn du das Gefühl hast, dass deine Lebensenergie
am Ende ist und du schnell neue Energie tanken
musst, stellst du am besten die Füße dicht nebenein-
ander und verschränkst die Finger beider Hände auf
eine Weise, die dir am angenehmsten erscheint. So
schließt sich sozusagen der Kreislauf und verhindert,
dass Prana durch die Extremitäten entweicht. Atme
dann ein paar Mal rhythmisch und du wirst die Wirkung des Aufladens spüren.

(4) ANDERE AUFLADEN.

Wenn es einem Freund oder einer Freundin an Vitalität mangelt, kannst du ihm oder ihr helfen, indem du
dich vor ihn oder sie setzt, wobei deine Zehen die seinen
und seine Hände die deinen berühren. Dann atmet ihr
beide rhythmisch, wobei du dir vorstellst, dass du
Prana in sein System sendest, und er sich vorstellt,
dass er das Prana empfängt. Personen mit schwacher
Vitalität oder passivem Willen sollten vorsichtig sein,

mit wem sie dieses Experiment ausprobieren, denn das Prana einer Person mit bösen Absichten wird von den Gedanken dieser Person gefärbt und kann ihr einen vorübergehenden Einfluss auf die schwächere Person geben. Die schwächere Person kann diesen Einfluss jedoch leicht beseitigen, indem sie den Kreislauf schließt (wie bereits erwähnt) und ein paar rhythmische Atemzüge macht, die mit dem reinigenden Atem enden.

(5) WASSER AUFLADEN.

Wasser kann mit Prana aufgeladen werden, indem du rhythmisch atmest, das Glas Wasser am Boden in der linken Hand hältst und dann die Finger der rechten Hand zusammenziehst und sie sanft über dem Wasser schüttelst, als würdest du Wassertropfen von deinen Fingerspitzen in das Glas schütteln. Das geistige Bild, dass das Prana in das Wasser übergeht, muss ebenfalls beibehalten werden. Auf diese Weise aufgeladenes Wasser wird von schwachen oder kranken Menschen als stimulierend empfunden, vor allem, wenn ein heilender Gedanke die mentale Vorstellung von der Übertragung des Pranas begleitet. Die in der letzten Übung gegebene Warnung gilt auch für diese Übung, obwohl die Gefahr nur in einem stark abgeschwächten Maße besteht.

(6) GEISTIGE QUALITÄTEN ERWERBEN.

Nicht nur der Körper kann durch den Geist unter der Leitung des Willens kontrolliert werden, sondern auch der Geist selbst kann durch die Ausübung des kontrollierenden Willens geschult und kultiviert werden. Das, was die westliche Welt als "Mental Science" usw. kennt, hat dem Westen Teile der Wahrheit bewiesen, die der Yogi seit Jahrhunderten kennt. Allein die ruhige Aufforderung des Willens bewirkt in dieser Richtung Wunder, aber wenn die mentale Übung von rhythmischer Atmung begleitet wird, wird die Wirkung noch erheblich verstärkt. Wünschenswerte Eigenschaften können erworben werden, indem man sich während der rhythmischen Atmung das richtige geistige Bild von dem, was man sich wünscht, vorstellt. Gelassenheit und Selbstbeherrschung, wünschenswerte Eigenschaften, mehr Kraft usw. können auf diese Weise erworben werden. Unerwünschte Eigenschaften können durch die Kultivierung der gegenteiligen Qualitäten beseitigt werden. Jede oder alle "Mental Science"-Übungen, "Behandlungen" und "Affirmationen" können mit dem Yogi Rhythmic Breath angewendet werden. Die folgende Übung eignet sich gut für den Erwerb und die Entwicklung wünschenswerter geistiger Eigenschaften:

Lege dich in eine passive Haltung oder sitze aufrecht. Stelle dir die Eigenschaften vor, die du kultivieren möchtest, und stelle dir vor, dass du diese Eigenschaften besitzt und verlange, dass dein Geist diese Eigenschaften entwickelt. Atme rhythmisch und halte das geistige Bild fest. Behalte das Bild so oft wie möglich bei dir und bemühe dich, dem Ideal, das du dir vorgestellt hast, gerecht zu werden. Du wirst feststellen, dass du dich allmählich deinem Ideal annäherst. Der Atemrhythmus hilft dem Geist, neue Kombinationen zu bilden, und der Schüler, der dem westlichen System gefolgt ist, wird in der Yogi-Rhythmik einen wunderbaren Verbündeten für seine "Mental Science"-Arbeit finden.

(7) ERWERBEN VON KÖRPERLICHEN QUALITÄTEN.

Körperliche Qualitäten können mit denselben Methoden erworben werden, die oben im Zusammenhang mit den geistigen Qualitäten erwähnt wurden. Damit ist natürlich nicht gemeint, dass kleine Menschen groß gemacht werden können oder dass amputierte Gliedmaßen ersetzt werden können oder ähnliche Wunder geschehen. Aber der Ausdruck des Gesichts kann verändert werden; Mut und allgemeine körperliche Eigen-

schaften werden durch die Kontrolle des Willens, begleitet von rhythmischer Atmung, verbessert. Wie ein
Mensch denkt, so sieht er aus, handelt er, geht er, sitzt
er, usw. Verbessertes Denken führt zu verbessertem
Aussehen und Handeln. Um ein Körperteil zu entwickeln, lenkst du deine Aufmerksamkeit darauf, während du rhythmisch atmest und dir vorstellst, dass du
eine größere Menge Prana oder Nervenkraft zu dem Teil
schickst und so seine Vitalität erhöhst und ihn entwi-
ckelst. Dieser Plan lässt sich genauso gut auf jedes
andere Körperteil anwenden, das du entwickeln möchtest. Viele westliche Athleten nutzen eine Abwandlung
dieses Plans für ihre Übungen. Wer unseren Anweisungen bis hierher gefolgt ist, wird leicht verstehen, wie
man die Yogi-Prinzipien bei der oben beschriebenen
Arbeit anwenden kann. Die allgemeine Übungsregel ist
die gleiche wie in der vorangegangenen Übung (Erwerb
mentaler Qualitäten). Das Thema der Heilung körperli-
cher Krankheiten haben wir bereits auf den vorangegangenen Seiten behandelt.

(8) KONTROLLE DER EMOTIONEN.

Unerwünschte Emotionen wie Furcht, Sorge, Angst,
Hass, Wut, Eifersucht, Neid, Melancholie, Aufregung,
Trauer usw. lassen sich durch den Willen kontrollieren,
und der Wille kann in solchen Fällen leichter arbeiten,
wenn der Schüler oder die Schülerin während des "Willens" rhythmisch atmet. Die folgende Übung hat sich
bei den Yogi-Schülern als sehr effektiv erwiesen, obwohl
der fortgeschrittene Yogi sie kaum braucht, da er diese
unerwünschten geistigen Eigenschaften schon lange
losgeworden ist, indem er geistig über sie hinausge-
wachsen ist. Für den Yogi-Schüler ist die Übung jedoch
eine große Hilfe, während er wächst.

Atme rhythmisch, konzentriere deine Aufmerksamkeit auf den Solarplexus und sende ihm den mentalen
Befehl "Geh raus". Gib den Befehl mit Nachdruck,

sobald du ausatmest, und stelle dir vor, wie die unerwünschten Emotionen mit dem ausgeatmeten Atem
weggetragen werden. Wiederhole das sieben Mal und
schließe mit dem Reinigungsatem ab, um zu sehen, wie
gut du dich fühlst. Das mentale Kommando muss
"ernsthaft" gegeben werden, denn mit Bagatellen ist es
nicht getan.

(9) UMWANDLUNG DER FORTPFLANZUNGSENERGIE.

Die Yogis verfügen über ein großes Wissen über den
Gebrauch und Missbrauch des Fortpflanzungsprinzips
bei beiden Geschlechtern. Einige Hinweise auf dieses
esoterische Wissen sind durchgesickert und wurden
von westlichen Autoren zu diesem Thema verwendet,
und auf diese Weise wurde viel Gutes erreicht. In diesem kleinen Buch können wir nicht mehr tun, als das
Thema zu berühren, und wir werden alles außer einer
bloßen Erwähnung der Theorie weglassen und eine
praktische Atemübung geben, mit der der Schüler in die
Lage versetzt wird, die Fortpflanzungsenergie in Vitalität
für das gesamte System umzuwandeln, anstatt sie in
lüsternen Ausschweifungen innerhalb oder außerhalb
der ehelichen Beziehungen zu vergeuden und zu ver-
schwenden. Die Fortpflanzungsenergie ist eine schöpferische Energie, die vom System aufgenommen und in
Kraft und Vitalität umgewandelt werden kann und so
der Regeneration statt der Erzeugung dient. Wenn die
jungen Männer der westlichen Welt diese grundlegenden Prinzipien verstehen würden, bliebe ihnen in späte-
ren Jahren viel Elend und Unglück erspart, und sie
wären geistig, moralisch und körperlich stärker.

Diese Umwandlung der Fortpflanzungsenergie verleiht denjenigen, die sie praktizieren, große Vitalität. Sie
werden mit großer Lebenskraft erfüllt, die von ihnen
ausstrahlt und sich in dem manifestiert, was man "persönlichen Magnetismus" nennt. Die so umgewandelte
Energie kann in neue Kanäle umgewandelt und zu

einem großen Vorteil genutzt werden. Die Natur hat
eine ihrer mächtigsten Manifestationen von Prana zu
reproduktiver Energie verdichtet, denn ihr Zweck ist es,
zu schaffen. Die größte Menge an Lebenskraft ist auf
kleinstem Raum konzentriert. Der Fortpflanzungsorganismus ist die mächtigste Speicherbatterie im tierischen
Leben, und seine Kraft kann nach oben gezogen und
genutzt werden, aber auch für die gewöhnlichen Funktionen der Fortpflanzung verbraucht oder in zügelloser
Lust verschwendet werden. Die meisten unserer Schü-
lerinnen und Schüler wissen etwas über die Theorien
der Regeneration, und wir können nicht mehr tun, als
die oben genannten Tatsachen zu nennen, ohne zu versuchen, sie zu beweisen.

Die Yogi-Übung zur Umwandlung der Fortpflanzungsenergie ist einfach. Sie ist mit einer rhythmischen
Atmung verbunden und kann leicht durchgeführt werden. Sie kann jederzeit praktiziert werden, wird aber
besonders dann empfohlen, wenn man den Trieb am
stärksten spürt, weil sich dann die Fortpflanzungsenergie manifestiert und am leichtesten für regenerative
Zwecke umgewandelt werden kann. Die Übung sieht
folgendermaßen aus: Halte den Geist auf die Idee der
Energie fixiert und halte ihn von gewöhnlichen sexuel-
len Gedanken oder Vorstellungen fern. Wenn diese
Gedanken auftauchen, lass dich nicht entmutigen, sondern betrachte sie als Manifestationen einer Kraft, die
du zur Stärkung von Körper und Geist nutzen willst.
Lege dich passiv hin oder sitze aufrecht und konzentriere dich auf den Gedanken, die Fortpflanzungsenergie nach oben zum Solarplexus zu ziehen, wo sie umgewandelt und als Reservekraft der Lebensenergie gespeichert wird. Atme dann rhythmisch und stelle dir dabei
vor, wie du die Fortpflanzungsenergie mit jedem Einatmen nach oben ziehst. Mit jedem Einatmen befiehlst du
dem Willen, dass die Energie von der Fortpflanzungs-
organisation nach oben zum Solarplexus gezogen wird.
Wenn der Rhythmus stimmt und das geistige Bild klar

ist, wirst du dir des Aufwärtsflusses der Energie bewusst sein und ihre stimulierende Wirkung spüren. Wenn du eine Steigerung der mentalen Kraft wünschst, kannst du sie zum Gehirn statt zum Solarplexus hinaufziehen, indem du den mentalen Befehl gibst und das mentale Bild der Übertragung zum Gehirn festhältst. Der Mann oder die Frau, der/die metallische oder körperliche kreative Arbeit leistet, kann diese schöpferische Energie bei seiner/ihrer Arbeit nutzen, indem er/sie die obige Übung befolgt, die Energie mit der Einatmung heraufzieht und sie mit der Ausatmung aussendet. Bei dieser letzten Form der Übung werden nur die Anteile, die für die Arbeit benötigt werden, in die Arbeit übertragen, der Rest bleibt im Solarplexus gespeichert. Du wirst verstehen, dass nicht die Fortpflanzungssäfte aufgesaugt und verwendet werden, sondern die ätherische Energie, die diese belebt, sozusagen die Seele des Fortpflanzungsorganismus. Es ist üblich, den Kopf während der Verwandlungsübung leicht und natürlich nach vorne zu beugen.

(10) DAS GEHIRN WIRD STIMULIERT.

Die Yogis haben herausgefunden, dass die folgende Übung sehr nützlich ist, um die Tätigkeit des Gehirns zu stimulieren und so ein klares Denken und Schlussfolgern zu ermöglichen. Sie hat eine wunderbare Wirkung auf das Gehirn und das Nervensystem und ist für alle, die mit geistiger Arbeit beschäftigt sind, sehr nützlich, da sie sie zu besserer Arbeit befähigt und den Geist erfrischt und ihn nach anstrengender geistiger Arbeit klärt.

Setze dich in aufrechter Haltung hin, halte die Wirbelsäule gerade, richte den Blick nach vorne und lege die Hände auf den oberen Teil der Beine. Atme rhythmisch, aber anstatt durch beide Nasenlöcher zu atmen, wie bei den normalen Übungen, drücke das linke Nasenloch mit dem Daumen zu und atme durch das rechte Nasenloch ein. Dann nimm den Daumen weg, schließe das rechte Nasenloch mit dem Finger und atme durch das linke Nasenloch aus. Dann atmest du, ohne die Finger zu wechseln, durch das linke Nasenloch ein und durch das rechte aus. Dann atmest du durch das rechte ein und durch das linke aus, und so weiter, wobei du die Nasenlöcher wie oben beschrieben abwechselnd benutzt und das nicht benutzte Nasenloch mit dem Daumen oder Zeigefinger verschließt. Dies ist eine der ältesten Formen der Yogi-Atmung, die sehr wichtig und wertvoll ist und die man sich unbedingt aneignen sollte. Aber es ist für die Yogis ziemlich amüsant zu wissen, dass diese Methode in der westlichen Welt oft als das "ganze Geheimnis" der Yogi-Atmung dargestellt wird. Für viele westliche Leserinnen und Leser bedeutet "Yogi-Atmung" nichts anderes als das Bild eines Hindus, der aufrecht sitzt und beim Atmen die Nasenlöcher wechselt. "Nur das und nichts weiter." Wir hoffen, dass dieses kleine Werk der westlichen Welt die Augen für die großartigen Möglichkeiten der Yogi-Atmung und die zahlreichen Methoden, mit denen sie angewendet werden kann, öffnen wird.

(11) DER GROSSE PSYCHISCHE YOGI-ATEM.

Die Yogis haben eine bevorzugte Form der psychischen Atmung, die sie gelegentlich praktizieren und für die es einen sanskritischen Begriff gibt, der eine allgemeine Entsprechung in der obigen Beschreibung hat. Wir haben sie zuletzt genannt, weil sie vom Schüler die Übung der rhythmischen Atmung und der mentalen Vorstellungskraft erfordert, die er sich mit den vorangegangenen Übungen angeeignet hat. Die allgemeinen Prinzipien des Großen Atems lassen sich in dem alten Hindu-Spruch zusammenfassen: "Gesegnet ist der Yogi, der durch seine Knochen atmen kann." Diese Übung füllt das gesamte System mit Prana, und der Schüler wird daraus hervorgehen, dass jeder Knochen, Muskel,

Nerv, jede Zelle, jedes Gewebe, jedes Organ und jedes Teil durch das Prana und den Rhythmus des Atems energetisiert und eingestimmt ist. Es ist eine allgemeine Reinigung des Systems, und wer sie sorgfältig praktiziert, wird sich fühlen, als hätte er einen neuen, frisch erschaffenen Körper bekommen, vom Scheitel bis zu den Zehenspitzen. Wir werden die Übung für sich selbst sprechen lassen.

(1) Lege dich in eine entspannte Position, in der du dich vollkommen wohl fühlst.

(2) Atme rhythmisch, bis der Rhythmus perfekt ist.

(3) Stelle dir dann beim Ein- und Ausatmen vor, wie der Atem durch die Beinknochen nach oben gezogen und durch sie wieder nach außen gepresst wird; dann durch die Armknochen; dann durch die Schädeldecke; dann durch den Magen; dann durch die Geschlechtsorgane; dann so, als würde er entlang der Wirbelsäule auf- und abwärts wandern; und dann so, als würde der Atem durch jede Pore der Haut ein- und ausgeatmet, wobei der ganze Körper mit Prana und Leben erfüllt ist.

(4) Sende dann (rhythmisch atmend) den Pranastrom nacheinander zu den Sieben Lebenszentren, indem du das geistige Bild wie in den vorherigen Übungen verwendest:

(a) Zur Stirn.

(b) Zum Hinterkopf.

(c) Zur Basis des Gehirns.

(d) Zum Solarplexus.

(e) In die Sakralregion (unterer Teil der Wirbelsäule).

(f) Zur Region des Nabels.

(g) Zur Fortpflanzungsregion.

Beende die Übung, indem du den Pranastrom mehrmals vom Kopf zu den Füßen hin und her bewegst.

(5) Beende die Übung mit dem reinigenden Atem.

KAPITEL XVI.

SPIRITUELLE YOGI-ATMUNG.

Die Yogis bringen nicht nur die gewünschten geistigen Qualitäten und Eigenschaften durch Willenskraft in Verbindung mit rhythmischer Atmung hervor, sondern sie entwickeln auch die spirituellen Fähigkeiten bzw. unterstützen deren Entfaltung auf dieselbe Weise. Die orientalischen Philosophien lehren, dass der Mensch über viele Fähigkeiten verfügt, die derzeit noch schlummern, sich aber mit dem Fortschritt der Rasse entfalten werden. Sie lehren auch, dass der Mensch durch die richtige Willensanstrengung, unterstützt durch günstige Bedingungen, zur Entfaltung dieser geistigen Fähigkeiten beitragen und sie viel früher als im normalen Evolutionsprozess entwickeln kann. Mit anderen Worten: Man kann schon jetzt geistige Bewusstseinskräfte entwickeln, die erst nach langen Zeitaltern der allmählichen Entwicklung nach dem Gesetz der Evolution zum Allgemeingut der Rasse werden. Bei allen Übungen, die auf dieses Ziel ausgerichtet sind, spielt die rhythmische Atmung eine wichtige Rolle. Der Atem selbst hat natürlich keine mystische Eigenschaft, die solch wunderbare Ergebnisse hervorbringt, aber der Rhythmus, den der Yogi-Atem erzeugt, bringt das gesamte System, einschließlich des Gehirns, unter perfekte Kontrolle und in perfekte Harmonie und schafft so die besten Voraussetzungen für die Entfaltung dieser latenten Fähigkeiten.

In dieser Arbeit können wir nicht auf die östliche Philosophie der spirituellen Entwicklung eingehen, weil dieses Thema Bände erfordern würde und außerdem zu abstrus ist, um den Durchschnittsleser zu interessieren. Es gibt auch noch andere Gründe, die Okkultisten gut bekannt sind, warum dieses Wissen zum jetzigen Zeitpunkt nicht verbreitet werden sollte. Sei versichert, liebe Schülerin, lieber Schüler, wenn die Zeit für dich gekommen ist, den nächsten Schritt zu tun, wird sich der Weg vor dir auftun. "Wenn der chela (Schüler) bereit ist, erscheint der guru (Meister)." In diesem Kapitel geben wir dir Anleitungen für die Entwicklung von zwei Phasen des spirituellen Bewusstseins, nämlich (1) das Bewusstsein der Identität der Seele und (2) das Bewusstsein der Verbindung der Seele mit dem Universellen Leben. Die beiden folgenden Übungen sind einfach und bestehen aus mentalen Bildern, die fest gehalten und von rhythmischer Atmung begleitet werden. Der/die Schüler/in darf am Anfang nicht zu viel erwarten, sondern muss sich langsam beeilen und sich damit begnügen, sich wie die Blume vom Samen zur Blüte zu entwickeln.

SEELENBEWUSSTSEIN.

Das wahre Selbst ist nicht der Körper oder gar der Geist des Menschen. Diese Dinge sind nur ein Teil seiner Persönlichkeit, sein geringeres Selbst. Das wahre Selbst ist das Ego, das sich in der Individualität manifestiert. Das wahre Selbst ist unabhängig von dem Körper, den es bewohnt, und sogar unabhängig von den Mechanismen des Verstandes, den es als Instrument benutzt. Das wahre Selbst ist ein Tropfen aus dem göttlichen Ozean und ist ewig und unzerstörbar. Es kann weder sterben noch ausgelöscht werden, und egal, was aus dem Körper wird, das wahre Selbst existiert weiter. Es ist die Seele. Denn DU bist die Seele, und der Körper ist der unwirkliche und vergängliche Teil von dir, der sich jeden Tag materiell verändert und den du eines Tages ablegen wirst. Du kannst deine Fähigkeiten so entwickeln, dass sie sich der Realität der Seele und ihrer Unabhängigkeit vom Körper bewusst werden. Der Yogi-Plan für eine solche Entwicklung ist die Meditation über das wahre Selbst oder die Seele, begleitet von rhythmischer Atmung. Die folgende Übung ist die einfachste Form.

ÜBUNG: Bringe deinen Körper in eine entspannte, zurückgelehnte Position. Atme rhythmisch und meditiere über das wahre Selbst, indem du dir vorstellst, dass du ein vom Körper unabhängiges Wesen bist, obwohl du ihn bewohnst und ihn nach Belieben verlassen kannst. Betrachte dich nicht als Körper, sondern als Geist, und deinen Körper nur als eine Hülle, die zwar nützlich und bequem ist, aber nicht zu deinem wahren Ich gehört. Sieh dich als ein unabhängiges Wesen, das den Körper nur als Bequemlichkeit benutzt. Wenn du meditierst, ignorierst du deinen Körper völlig. Du wirst feststellen, dass du dir seiner oft gar nicht mehr bewusst bist und es dir vorkommt, als wärst du außerhalb deines Körpers, in den du zurückkehren kannst, wenn du die Übung beendet hast.

Das ist der Kern der meditativen Atemmethoden der Yogis. Wenn du sie beibehältst, bekommst du ein wunderbares Gefühl für die Realität der Seele und scheinst fast unabhängig vom Körper zu sein. Das Gefühl der Unsterblichkeit wird oft mit diesem gesteigerten Bewusstsein einhergehen, und die Person wird beginnen, Anzeichen einer spirituellen Entwicklung zu zeigen, die für sie selbst und andere spürbar sind. Aber er darf sich nicht erlauben, zu sehr in den oberen Regionen zu leben oder seinen Körper zu verachten, denn er ist zu einem bestimmten Zweck hier auf dieser Ebene und darf weder die Gelegenheit verpassen, die notwendigen Erfahrungen zu sammeln, um ihn zu vervollständigen, noch darf er es versäumen, seinen Körper zu respektieren, der der Tempel des Geistes ist.

DAS UNIVERSELLE BEWUSSTSEIN.

Der Geist im Menschen, der die höchste Manifestation seiner Seele ist, ist ein Tropfen im Ozean des Geistes, der scheinbar getrennt und eigenständig ist, aber in Wirklichkeit mit dem Ozean selbst und mit jedem anderen Tropfen in ihm in Verbindung steht. Je mehr sich der Mensch in seinem spirituellen Bewusstsein entfaltet, desto mehr wird er sich seiner Beziehung zum Universellen Geist, oder, wie manche es nennen, zum Universellen Gemüt, bewusst. Manchmal hat er das Gefühl, fast eins mit ihm zu sein, dann wieder verliert er das Gefühl des Kontakts und der Beziehung. Die Yogis versuchen, diesen Zustand des universellen Bewusstseins durch Meditation und rhythmisches Atmen zu erreichen, und viele haben auf diese Weise den höchsten Grad an spiritueller Verwirklichung erreicht, der dem Menschen in diesem Stadium seiner Existenz möglich ist. Der Schüler dieses Werkes wird zu diesem Zeitpunkt noch keine höhere Unterweisung in Bezug auf die Adeptenschaft benötigen, da er noch viel zu tun und zu erreichen hat, bevor er diese Stufe erreicht, aber es kann gut sein, ihn in die elementaren Stufen der Yogi-Übungen zur Entwicklung des Universellen Bewusstseins einzuweihen, und wenn er es ernst meint, wird er Mittel und Methoden entdecken, mit denen er Fortschritte machen kann. Der Weg ist immer offen für den, der bereit ist, ihn zu beschreiten. Die folgende Übung wird viel zur Entwicklung des universellen Bewusstseins derjenigen beitragen, die sie gewissenhaft durchführen.

ÜBUNG: Bringe deinen Körper in eine liegende, entspannte Position. Atme rhythmisch und meditiere über deine Beziehung zum Universellen Geist, von dem du nur ein Atom bist. Stell dir vor, dass du mit dem Ganzen in Verbindung stehst und mit dem Ganzen eins bist. Sieh alles als Eins und deine Seele als Teil von diesem Einen. Fühle, dass du die Schwingungen des großen Universellen Geistes empfängst und an seiner Kraft, Stärke und Weisheit teilhast. Du kannst die beiden folgenden Meditationswege einschlagen.

(a) Stell dir bei jedem Einatmen vor, dass du die Kraft und Macht des Universellen Geistes in dich aufnimmst. Wenn du ausatmest, stell dir vor, dass du dieselbe Kraft an andere weitergibst. Gleichzeitig bist du von Liebe für jedes Lebewesen erfüllt und wünschst dir, dass es an denselben Segnungen teilhat, die du jetzt empfängst. Lass die Universelle Kraft durch dich hindurchfließen.

(b) Versetze deinen Geist in einen ehrfürchtigen Zustand, meditiere über die Größe des Universellen Geistes und öffne dich für das Einströmen der göttlichen Weisheit, die dich mit erleuchtender Weisheit erfüllen wird, und lass sie dann von dir zu deinen Brüdern und Schwestern fließen, die du liebst und denen du helfen möchtest.

Diese Übung hinterlässt bei denjenigen, die sie geübt haben, ein neues Gefühl von Stärke, Kraft und Weisheit sowie ein Gefühl der spirituellen Erhebung und Glückseligkeit. Sie darf nur in einer ernsten, ehrfürchtigen Stimmung praktiziert werden und darf nicht leichtfertig oder unbedacht angegangen werden.

ALLGEMEINE HINWEISE.

Die Übungen, die in diesem Kapitel beschrieben werden, erfordern die richtige geistige Einstellung und Kondition. Wer nicht ernsthaft ist oder kein Gefühl für Spiritualität und Ehrfurcht hat, sollte sie besser nicht machen, denn er wird keine Ergebnisse erzielen und außerdem ist es ein absichtliches Herumhantieren mit Dingen von hohem Wert, das demjenigen, der es betreibt, nie nützt. Diese Übungen sind für die wenigen, die sie verstehen können, und die anderen werden keinen Anreiz verspüren, sie auszuprobieren.

Lasse den Geist während der Meditation bei den Ideen verweilen, die in der Übung genannt werden, bis sie dem Geist klar werden und sich allmählich in deinem wirklichen Bewusstsein manifestieren. Der Geist wird allmählich passiv und ruht, und das geistige Bild wird sich klar manifestieren. Mache diese Übungen nicht zu oft und lasse nicht zu, dass der glückliche Zustand, der sich daraus ergibt, dich mit den Dingen des täglichen Lebens unzufrieden macht, denn diese sind nützlich und notwendig für dich, und du darfst dich niemals vor einer Lektion drücken, auch wenn sie dir unangenehm ist. Die Freude, die aus der Entfaltung des Bewusstseins erwächst, soll dich aufmuntern und dir Mut für die Prüfungen des Lebens machen, statt dich unzufrieden und angewidert zu machen. Alles ist gut, und alles hat seinen Platz. Viele Schüler/innen, die diese Übungen praktizieren, werden mit der Zeit mehr wissen wollen. Sei versichert, dass wir, wenn die Zeit gekommen ist, dafür sorgen werden, dass du nicht vergeblich suchst. Geh mutig und zuversichtlich weiter und richte dein Gesicht nach Osten, woher die aufgehende Sonne kommt.

Friede sei mit dir und mit allen Menschen.

Vom Einmaleins zum Integral

Colerus nimmt die dankenswerte, aber auch schwierige Aufgabe auf sich, Freunde und Feinde der Mathematik zu versöhnen. Es gibt eine große Anzahl Menschen, die sich konstitutionell für unfähig halten, sich für Mathematik zu begeistern. Für solche wurde dieses Buch geschrieben, nicht von einem Mathematiker, sondern von einem Künstler der Worte. Aus einer souveränen Beherrschung der Materie heraus hat Colerus diese Aufgabe unternommen und jeder Leser wird ihm für die schönen Gleichnisse und Bilder, den geradezu persönlichen Verkehr zwischen Leser und Verfasser, dankbar sein. So wird die Durcharbeitung des Buches zu einem Genuss. (Die Rote Edition Bd. 32: Nachdruck der Ausgabe von 1937)

Vom Einmaleins zum Integral

Untertitel: Mathematik für Jedermann
Autor: Colerus, Egmont
Medium: Buch
Buch-ISBN: 9783754338117

In diesem Werk geht es nicht über die Erklärung der Phänomene des Gedankenlesens, sondern es werden praktischen Anleitungen gegeben, die verstanden, beherrscht und demonstriert werden können.

Praktisches Gedankenlesens

Untertitel: Ein Kurs mit praktischer Unterweisung zur Gedankenübertragung

Autor: William Walker Atkinson
Medium: Buch, E-Book
Buch-ISBN: 9783754352458
E-Book-ISBN: 9783754394700

Carl du Prel

DER SPIRITISMUS

Der Spiritismus ist ohne Zweifel die paradoxeste aller Wissenschaften und er wird es wohl noch lange bleiben. Das liegt offenbar nur daran, dass ihm alle verbindenden Fäden mit dem, was heute als Wissenschaft anerkannt ist, zu fehlen scheinen, ja dass er der heutigen Wissenschaft zu widersprechen scheint. In Wirklichkeit ist das allerdings nicht der Fall. Es existieren Fäden, die den Spiritismus mit anderen Wissenszweigen verbinden. Der Autor will die Lücke ausfüllen, die den Spiritismus von unserem sonstigen Wissen zu trennen scheint; es fehlt nicht an verbindenden Zwischengliedern, nur sind sie wenig bekannt. Es sind wissenschaftliche Trittsteine, die sich benutzen lassen, um das Ufer des Spiritismus zu erreichen, ohne dass man genötigt wäre, den Sumpf des Aberglaubens zu durchwaten.

Es handelt sich um ein richtungsweisendes Werk eines großen Philosophen im Bereich der experimentellen Psychologie.

Der Spiritismus

Untertitel: In Neusatz und aktueller Rechtschreibung
Die Blaue Edition Bd. 3

Autor: du Prel, Carl
Medium: Buch, E-Book
Buch-ISBN: 9783754372852
E-Book-ISBN: 9783754399446